JN005947

キャリア理論家・心理学者77人の

人物で学ぶ キャリア理論

渡部 昌平 著

福村出版

まえがき

日本の転職市場は縁故（コネや人脈）・求人情報（新聞や雑誌）・ハローワークの３本柱で長く進められてきました。欧米と異なり、自ら転職先に応募するとか転職スカウトとか民間紹介会社などは長らく存在しませんでした。結果、新たなキャリアカウンセリング技法が欧米から輸入されることなく、職業紹介技法もガラパゴス状態で進んできたのではないかと思っています。また日本ではロジャーズの来談者中心療法への賛美が席巻する中で、キャリアカウンセリング技法が定着しなかったという面もあるかもしれません。しかし近年、派遣業や職業紹介業の自由化に伴い、あるいは雇用体系や雇用管理の複雑化に伴い、欧米の最新の理論がどんどん入りつつあります。

キャリアコンサルティングあるいはキャリアカウンセリングが国家資格になる前に悩み、苦しみながら学んでいた先人・先覚者たちは、カウンセリングや心理学など周辺学問や理論を幅広くかつ深く学び、必要なものを取捨選択して使っておられました。それに比べると、キャリアコンサルタント国家資格制度が整い、必要最低限の知識やスキルが明確になった今の学習者は、ややもすると狭く浅い知識しか身につけていないようにも見受けられます。資格取得は本来あくまでスタートであり、そこから広く深く学ぶことが求められているのに、資格を取得したらまるでゴールかのように「専門家」然とした方も少なくないように感じます（私自身も若かりし頃に根拠のない自信を持っていたことを、今さらながら猛烈に反省しています。ちょっと他の人と話をすれば自分の知識の狭さや浅さなどすぐ分かるのに）。

でもそれで本当にいいのでしょうか。クライエントのためにも、キャリアコンサルタント自身を守るためにも、しっかりと体系的な知識・経験・スキルを身につけ、クライエントにとってもキャリアコンサルタントにとっても幸せな結果を導くようにする必要があるのではないでしょうか。

情報化・ネット社会化の中で、それっぽい情報は溢れています。誰もが指導者・教育者を名乗ることができ、プロフェッショナルを名乗ることができます。正直に言えば、本書は私の知識の限界を示すようにまだまだ内容が不足していると思います。しかし、一部のネット情報に比べれば「まだまだまし」の内容にしたつもりです。キャリアコンサルタントの実践家がつけるべき知識・経験・スキルは、「過去のキャリアコンサルタント試験に出た択一式試験に答えられる程度の知識」ではなく、歴史的にキャリア理論がどういう変遷を経てどう新しい理論に至ったかという哲学や倫理であり、なぜ幅広く学ばなければならないかを理解しようという姿勢であり、謙虚で誠実に学ぶ態度です。

なぜ人（理論家）をキーワードに歴史を学ぶのか。それは先人がそのまた先人から学び、その不足しているところあるいは時代に合わないところを修正しながら作りあげてきた体系的なものだからです。ニュートンは巨人（先人）の肩に乗ったからこそ先が見えたのだと言いました。我々も自らの経験則のみならず、先人や同時代人の学びをしっかりリスペクトしていくべきです。

本書は「過去問の試験対策」本やサイトに比べ、試験にはまだ出てきていない新しいキャリア理論も包含していますし、キャリア理論の周辺の精神分析・行動主義・人間性心理学その他の周辺分野の理論家についても通常より幅広く心理学の歴史全体が大まかにわかるように網羅したつもりです、

過去に「無駄かもしれないこと」も含めて幅広く深く勉強をされてきた先人・先駆者を思い浮かべながら、ご一緒にもっと勉強していきませんか。もっと先人・先駆者から一緒に学んでいきませんか。先人の肩越しに未来を見据えてみませんか。そして私にも先人・先駆者の教えを、教えてくださいませんか。

皆様からのご意見ご感想そしてご批判を、お待ちしております。

2022 年 2 月
秋田県立大学
渡部昌平

目 次

第1部　キャリア理論家

第２部　キャリア理論に影響を与えた理論家（1）
精神衛生運動・精神分析

第３部　キャリア理論に影響を与えた理論家（2）
心理測定運動・行動主義・行動療法

第4部　キャリア理論に影響を与えた理論家（3）
人間性心理学

第5部　キャリア理論に影響を与えた理論家（4）
その他

コラム

※人名の表記は一般に用いられているものを採用しています。

キャリア理論の流れ

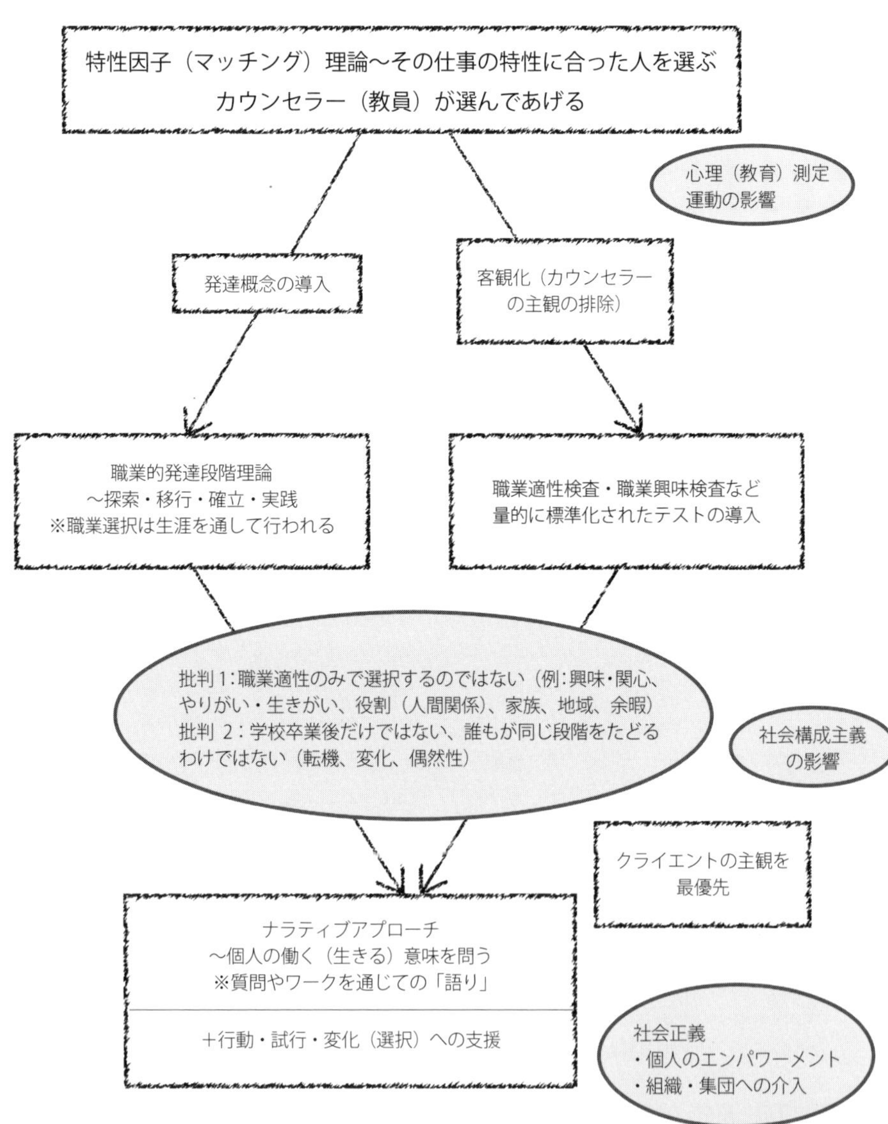

職業指導運動
特性因子（マッチング）理論～その仕事の特性に合った人を選ぶ
カウンセラー（教員）が選んであげる
心理（教育）測定
運動の影響
発達概念の導入
客観化（カウンセラー
の主観の排除）
職業的発達段階理論
～探索・移行・確立・実践
※職業選択は生涯を通して行われる
職業適性検査・職業興味検査など
量的に標準化されたテストの導入
批判1：職業適性のみで選択するのではない（例：興味・関心、
やりがい・生きがい、役割（人間関係）、家族、地域、余暇）
批判 2：学校卒業後だけではない、誰もが同じ段階をたどる
わけではない（転機、変化、偶然性）
社会構成主義
の影響
クライエントの主観を
最優先
ナラティブアプローチ
～個人の働く（生きる）意味を問う
※質問やワークを通じての「語り」
＋行動・試行・変化（選択）への支援
社会正義
・個人のエンパワーメント
・組織・集団への介入

第 1 部

キャリア理論家

カウンセリングの３つの源流のうちの１つである職業指導運動は、発達理論や心理測定運動の影響を受けながら、やがて現代のキャリア理論・キャリアカウンセリング技法へと発展していきます。第１部では、キャリアコンサルティングの歴史や理論・技法を学ぶ上で必要不可欠な人物について採り上げています。

▶ 職業指導運動の開祖

KEYWORD　職業指導運動、職業ガイダンス、社会正義

Frank Parsons（1854 ～ 1908）

フランク・パーソンズ

POINT

- 職業指導運動の開祖
- パーソンズの職業選択理論は、特性因子論に発展
- 社会正義の視点からの職業カウンセリング

略歴

パーソンズは職業指導運動の開祖として知られ、1908 年にボストン市民館で職業ガイダンスを開始したこと、死後の 1909 年に著書「職業の選択」を出版したことが知られていますが、若い頃は土木技師・製鉄所・公立高校の教師を経て法律家となり、出版編集者、大学教員など多才かつ多彩な経歴を持っています。失業や過酷な肉体労働などの経験や虚弱体質、経済困窮の経験から弱者を支援する社会正義の職業指導運動に傾注したのかもしれません。

パーソンズは政治・経済・法律に関する図書・雑誌・新聞記事など、125 点以上の執筆を残しています。

職業指導運動

パーソンズは 1905 年にボストン市に設立された労働者のための学校「ブ

レットウィナーズ・インスティテュート」に校長として招聘されますが、そこを訪れる労働者が平均6回も転職を繰り返している現実に気づき、同施設内に職業局を置き、友人とともに職業カウンセラーとなります。並行してボストンYMCAで職業カウンセラーの養成事業にも乗り出しました。

パーソンズはその著作の中で「本書の目的は、職業の選択と職業への準備、そして学校から職業への移行において、専門的カウンセリングとガイダンスを通じて、今日の状況を改善していく実際な方策を示すことである」として、職業選択の支援を行う職業カウンセリング実践のための具体的・体系的な手引きとなることを目指しました。職業局のモットーは「啓発・情報・示唆・協力」だったそうです。パーソンズは、人間には個人差があり、職業には職業差があり、両者をうまく合致させることが必要と考えていました。

パーソンズの理論

パーソンズは、賢明な職業選択には3つの要素が必要であるとしています。

①自分自身、つまり自分の適性、能力、興味、強い希望、資源、限界およびこれらの背景となっているものをよく理解すること（個人の諸特性）
②様々な職業の過程における要求、うまくやるための条件、いい点と悪い点、代償とされるもの、チャンス、そして見通しを知識として持っていること（仕事の要件＝因子）
③上記の2グループに入る事柄を関連づけた上で真剣に推論していくこと（諸特性と因子のマッチング）

そして、この3ステップを達成するためには、

(1) 個人資料の記述
(2) 自己分析
(3) 選択と意思決定

(4) カウンセラーによる分析
(5) 職業についての概観と展望
(6) 推論とアドバイス
(7) 選択した職業への適合のための援助

の7つが必要としました（木村，2018）。

評価

職業指導について、ベーカー（2002）は「職業指導は児童保護の精神の表明であり、職業心理学そしてその後のカウンセリング心理学の基礎を作った」、アーサーら（2013）は「社会正義は歴史的に職業心理学の根幹をなし、それはパーソンズ（1909）の業績に遡る。20世紀初頭、彼は、生活改善の手段としての雇用を確かなものとなしえない若者、女性、その他の人々の権利を主張したのである。パーソンズは職業指導において最初に社会正義を唱道したとされている」とし、社会正義の運動だったことが強調されています。

一方で渡辺（2002）が「パーソンズは職業カウンセリング創始者と呼ばれるが、現在のような専門的カウンセリング理論や技法を開発したわけではない」「当時のカウンセラーは「自分が判断を下すのに必要な情報を来談者から収集し、来談者を分析し、そのデータに基づいて専門家としての合理的で論理的な結論を下すことを役割としていた」とするなど、当時の時代背景は一定程度押さえておいたほうがよいかもしれません。

▶ 特性因子論の生みの親

KEYWORD　特性因子論（マッチング理論）、指示的カウンセリング

Edmund Griffith Williamson（1900 ～ 1979）

エドムンド・G・ウイリアムソン

POINT

- 特性因子論（仕事と人のマッチング理論）の生みの親
- 思春期・学生期にあるクライエントのカウンセリングに貢献
- 指示的カウンセリングと言われ、のちにロジャースから批判を受ける

略歴

ウイリアムソンは 1900 年にイリノイ州に生まれ、1925 年にイリノイ大学で学士号を、1931 年にミネソタ大学で博士号を取得し、ミネソタ大学に心理学の助教授兼ミネソタテスト局（現ミネソタ大学カウンセリング・コンサルティングセンター）のディレクターとして採用されます。1938 年には学生パーソナルサービスのコーディネーターとなり（1939 年には "How to Counsel Students" を著しています）、1941 年に教授兼学生部長に昇進、1969 年に退職しています（平木典子先生は、1961 年から 1964 年までミネソタ大学大学院に通われていたそうですが、平木先生の帰国後、ウイリアムソンは日本カウンセリング学会や日本学生相談学会の招きで何度か来日しています）。

ミネソタ大学では心理検査やアセスメントツールを用いて職業適性を調べることで、効果的な就職支援を行っていました。就職支援のみならず、学生生活

における心理的・経済的な悩みなど学生生活全般を支援するカウンセリングが展開されており、特性因子論はこのような背景から生まれました。後に述べるホランドも、ミネソタ大学でウイリアムソンの教えを受けています。

特性因子論について

特性因子論は、その人の特性（スキル、能力、経験、態度・姿勢など）とその仕事に含まれる因子（仕事内容や仕事に必要なスキルや能力など）をうまくマッチングさせることが必要であるという考え方であり、マッチング理論とも言われます。ウイリアムソンは、パーソンズの職業選択理論の流れを踏まえ、こうした特性因子論に基づくカウンセリングを構成しました。

ウイリアムソンのカウンセリング理論

ウイリアムソンは、個人が有する仕事に関する特性とそれぞれの仕事に含まれる因子とのマッチングがよい職業選択や職業適応をもたらすと考えました。キャリアに関する課題は「選択しない」「不確かな選択」「賢明でない選択」「興味と適性のズレ」の４つに分類でき、キャリアカウンセリングを実施するにあたってクライエントがどの問題を抱えているかを判断し、次の６段階のカウンセリングプロセスを経るべきであることを提唱します。

①分析：主観的、客観的方法（※注：心理テストや心理アセスメント）を用いて、適性、興味、価値観などクライエントに関する多くの情報を集める。
②総合：クライエントの特性を明確にするため、情報を比較、検討し、要約する。
③診断：クライエントの目立った特徴と問題点を叙述し、個人の特徴と職業や進路の諸条件を比較し、問題の原因を見つける。
④予後：問題から予想される結果と適応の可能性を判断し、クライエントが選択可能な行動や適応をクライエントに示唆する。
⑤処置：現在および将来において望ましい適応状況を得るために何をすべきか、

クライエントと協力的に話し合う。
⑥追指導：新たな問題が生じた場合に、上記のステップを繰り返す。

特性因子カウンセリングは、カウンセリング、テストの実施と解釈、職業情報の利用の3本柱によって構成され、クライエントの意思決定にどちらかと言えば指示的、論理的にアプローチします（木村，2018）。

ウイリアムソンは進路や学業の悩みは「選択しない」「不確かな選択」「賢明でない選択」「興味と適性のズレ」の4つの問題に分類できると考えていたわけですから、カウンセリングと並行してテストを実施・解釈し、本人に合った情報を提供することで本人も適切な選択ができるようになると考えたわけです。ウイリアムソンは学生の選択のためにテスト結果や情報を提供していたわけですが、これがのちに「指示的療法」としてロジャーズの批判を受けることになります。

評価・批判

ロジャーズはウイリアムソンのカウンセリングを「指示的カウンセリング」と呼び、批判しています。ロジャーズの著作『カウンセリングと心理療法』（1942）は、ロジャーズが1940年12月11日にミネソタ大学で講演した内容が下敷きになっていると言われ、当時のカウンセラーが行っていた助言や解釈を否定的にとらえています。

なおウイリアムソンは、1977年にNCDAのエミネントアワードを受賞しています。

▶「職業的」な発達理論を展開

KEYWORD　職業的発達理論、職業選択をプロセスととらえる

Eli Ginzberg（1911～2002）

エリ・ギンズバーグ

POINT

- 職業的発達理論を展開し、スーパーに影響を与える
- 職業選択は一時点で行われるものでなく、10年以上かかるプロセスであることを示唆
- 8人の大統領の下で政府のアドバイザーを務めた人的資源管理の専門家

略歴

ギンズバーグはユダヤ神学校の聖典の教師であった父親の下に1911年にニューヨーク州に生まれ、コロンビア大学で博士号を取得しています。1935年にはコロンビア大学で経済学教授になっており、第二次世界大戦では軍隊の人的資源管理にも協力するなど8人の大統領のアドバイザーを務めていました。人的資源管理の観点から、女性や少数民族の地位向上にも貢献したとされます。こうした人的資源の効果的・効率的な運用のために、職業的発達についての理論化を進めたのです。

ギンズバーグの理論

職業選択には長い年月を通しての発達過程が見られることに着目し、それを

理論化した最初の人がギンズバーグらであると言われます（木村，2018）。職業選択が1つの時点でなされるという従来の考えを否定し、それが一連の選択・決定からなる発達的特質を持つ、としたところが特徴です。

ギンズバーグらは、

①職業選択は一般に10年以上もかかる発達的プロセスである（のちに「生涯を通して行われる」に修正）

②そのプロセスは非可逆的である（のちに「後戻り可能であるが、時間や経費などの損失を受ける」に修正）

③そのプロセスは個人の欲求と現実の妥協（のちに「最適化」）をもって終わる

とします。

そして職業発達のプロセスは空想期（11歳以下）、試行期（11～17歳頃）、現実期（17歳～20代初期）を経ると考えました。ギンズバーグらが考えた具体的な職業発達のプロセスは以下のとおりです。

ギンズバーグの職業的発達段階（坂柳，1990を加工）

空想期	11歳以下	現実の様々な制約を考えずに、「大人になったら何になろうか」と空想している
試行期	11～17歳頃	将来の職業を決める必要性を認識し、職業選択の基盤を形成し始める。①興味の段階：興味が職業選択の主要な基準、②能力の段階：自己の能力を考慮して職業選択を試みる、③価値の段階：自己の価値基準が形成され、望ましさを基準とした職業選択を試みる、④移行の段階：職業選択には自己の内的要因だけでなく現実的な外的要因が関与していることを認識
現実期	17歳～20代初期	自己の希望と自己が遭遇した機会との間で起こる矛盾や葛藤を順次解決し、現実との妥協を図らなければならないことを認識する。①探索の段階：現在までの経験をもとにして、可能な職業領域や方向性を見つけようとする、②結晶化の段階：可能な職業のなかから特定の職業に関心が集まり、それに向かって将来の計画を作り始める、③特定化の段階：選択した特定の職業についてさらに具体的な検討を深める

▶ 6 段階の発達理論

KEYWORD　発達段階理論、発達課題

Robert James Havighurst（1900 ～ 1991）

ロバート・J・ハヴィガースト

POINT

- 人生の各段階で乗り越えなければならない発達課題を提示
- 人間に発達段階に応じた課題があり、課題を達成することで次の段階に
- 発達課題は、個人の欲求と社会の欲求の中間にあり、両方の性質を有する

略歴

ドイツ系移民（祖父が 1847 年にアメリカに渡りました）であるハヴィガーストはウィスコンシン州に 5 人兄弟の長男として生まれ（両親はともにローレンス大学の教員だったそうです）、オハイオ州のウェスリアン大学を卒業したのちオハイオ州立大学で物理化学の博士号を取得します。その後、理科教育へと関心を大きく転換し、ロックフェラー教育財団の仕事などを経て徐々に教育学、人間発達へと専門分野を移し、1945 年にはシカゴ大学の児童発達研究部門の教育学教授に就任します。成人教育学の台頭期の代表的な研究者とも言われています。

ハヴィガーストの理論

ハヴィガーストの教育研究は、発達課題が明確になることにより教育の目標が明確になり、・教育指標となり得たということでアメリカ教育を進歩させたと言われます。

ハヴィガーストは、人生の発達段階を

- 乳幼児・早期幼年期（0～6歳）
- 中期幼年期（6～12歳）
- 青年期（12～18歳）
- 早期成年期（18～30歳）
- 中年期（30～60歳）
- 後期成熟期（60歳以上）

に分け、それぞれの段階で人が①身体的成熟のために起こるタスク、②個人的価値観によって起こるタスク、③社会的圧力における資源が持つタスク、を持つことを示しました。ハヴィガーストの発達段階とそれぞれの発達段階での発達課題を以下に示します。

ハヴィガーストの発達段階と発達課題

乳幼児・早期幼年期	0～6歳	・歩くこと、食べること、話すこと、排泄のコントロールについての学習 ・性の相違と性の慎みについての学習 ・社会や事物についての単純な概念の形成、善悪の区別と良心の学習 ・両親、兄弟との人間関係についての学習 ・正・不正を区別することの学習と良心を発達させること

中期幼年期	6～12歳	・遊びを通じて必要な身体的技能を学習 ・成長する生活体としての自己に対する健全な態度の形成 ・読み・書き・計算の基本的技能の発達 ・日常生活に必要な概念の発達 ・親と自己を区別し、独立した個人となる ・良心、道徳性、価値の尺度の発達 ・社会集団や制度に関する態度の発達
青年期	12～18歳	・男女両性の友人との交流および成熟した人間関係を構築する ・男女の社会的役割の学習 ・自己の身体構造を理解し、身体を有効に使うこと ・両親や他の大人から情緒的独立を達成すること ・経済的独立に関する自信の確立 ・職業の選択と準備 ・結婚と家庭生活の準備 ・市民として必要な技能と概念の発達 ・社会人としての自覚と責任ある行動 ・行動の模範となる倫理体系や価値観の形成
早期成年期	18～30歳	・適切な社会集団の発見・認識 ・配偶者選択、結婚相手との生活を学習 ・第一子を家族に加える、養育 ・家庭の管理 ・仕事に就くこと
中年期	30～60歳	・大人としての市民的・社会的責任の達成 ・一定の経済力を確保し、維持すること ・10代の子どもたちの精神的な成長援助 ・大人の余暇活動を充実すること ・配偶者と人間として結びつくこと ・中年期の生理的変化を受け入れ、適応すること ・老年の両親の世話と適応
後期成熟期	60歳以上	・肉体的な強さと健康の衰退への適応 ・引退と収入の減少への適応 ・同年代の人と明るい親密な関係を作る ・満足のいく住宅の確保 ・配偶者の死に適応すること、死への準備 ・やがて訪れる死への準備と受容

▶ 成人期発達と発達段階の危機

KEYWORD　ライフサイクル、中年の危機（40 ～ 65 歳）

Daniel J. Levinson（1920 ～ 1994）

ダニエル・J・レビンソン

POINT

- 人生の発達をライフサイクルの四季になぞらえる
- 約 25 年の発達期は、互いに重なる約 5 年の過渡期でつながる
- 過渡期には、それまでの生活の基本パターンを根本から見直す必要

略歴

レビンソンは 1920 年にニューヨーク州に生まれ、カリフォルニア大学でエスノセントリズム、カリフォルニア大学とウエスタンリザーブ大学でパーソナリティについて研究していましたが、1950 年にはハーバード大学に移り、エリク・エリクソンやオルポートなどとパーソナリティと組織間の相互作用に関する共同研究をしています。1966 年にイェール大学に移ってから成人の発達に注目し、中年男性・女性に対するインタビューから成人期を四季にたとえたライフサイクル論を形成していきました。ただしその研究技法から批判もされています。

レビンソンの理論

レビンソンは 35 ～ 45 歳の男女へのインタビューを踏まえて、生涯を通じ

レビンソンのライフサイクルの図式

児童期と青年期	前成人期 0 〜 22 歳	親などに保護されながら生きる時期
成人前期	17 〜 45 歳	青年期の生き方から離れ、自分で人生を切り開いていく自覚を持つ時期。大きな可能性があった 20 代から、限定される 30 歳前後の過渡期で直面する課題は「アパシー（無力感・無価値）」と「離人感（自分が自分ではない感覚）」
中年期	成人中期 40 〜 65 歳	自分らしさの探索・葛藤を通じて、真の自分として生きたいと考える時期。身体や環境の変化を受け止めながら、これまでに確立した自己が崩壊する恐怖を無意識に感じる
老年期	成人後期 60 歳以降	死を受容しつつも、新たな生への希望を獲得する時期。死への恐怖や役割の喪失感により、孤立化が進む

た共通のパターンを探すことで「発達段階の危機」という視点を持つに至りました。それぞれの段階には解決すべき発達上の課題または危機があり、特に中年の危機が重要な転換期だとしました。この時期の課題として、

・それまでを振り返り、再評価すること
・それまでの人生で不満がある部分を修正し、新たな可能性にチャレンジすること
・人生の後半に入るにあたって生じてきた問題を見つめること

を挙げています。こうした課題を乗り越えることを支援することが、キャリアカウンセリングで重要だとしています。

　またレビンソンは発達段階の危機は男女で変わらないとしつつ、男女では夢（目標や欲求など将来の人生に対するビジョン）に違いがあると指摘します。男性は職業的ビジョンを持ちやすく、夢を持ちにくい女性は職業的ビジョンと結婚・家族的ビジョンとに引き裂かれるとします。

▶ それまでのキャリア発達理論をとりまとめ

KEYWORD　キャリア発達理論、ライフステージ、ライフロール

Donald E. Super（1910 ～ 1994）

ドナルド・E・スーパー

POINT

- **ギンズバーグの職業選択理論やハヴィガーストのキャリア発達理論等を統合**
- **ライフステージ（キャリア発達段階）の視点**
- **ライフロール（子ども、学生、職業人、家庭人、市民……）の視点**

略歴

スーパーは、父親がホノルル YMCA に赴任していたため 1910 年ハワイに生まれます（両親はミズーリ州出身です）。父は人事教育の専門家として YMCA に勤務し、母は文学修士でラテン語と代数を教えていましたが、やがて新聞記者・論説委員になります。スーパーが小学校に入学する頃、父が全米 YMCA 同盟に異動し、ニュージャージー州に移住します。12 歳のとき、父がポーランドに YMCA を設立し、今度はワルシャワに移住します。兄が流行性心膜症にかかって亡くなった後、ジュネーブにある寄宿学校を経てオックスフォード大学に進学し、経済学で学士号、文学修士号を取得します。ハーバード大学のキトソン教授の下で職業指導を学び、ソーンダイクの研究助手としても働いています。その後、クラーク大学で助教授となり、教育心理学とガイダンスで博

ライフステージ

段階	段階名	年代	内容
第1期	成長期	0～15歳	身体的成長、自己概念の形成
第2期	探索期	16～25歳	様々な仕事や必要条件を知る、仕事に就く
第3期	確立期	26～45歳	特定の職業分野に根を下ろす
第4期	維持期	46～65歳	職業的地位の維持と新スキルの習得、退職準備
第5期	下降期	66歳～	余暇や家族、新しいライフスタイル

士号を取得。のちコロンビア大学に教育学の助教授として就任し、1975年の定年まで勤務します。APA（アメリカ心理学会）相談心理学部会長（1949～1950）、相談・指導部会会長（1951～1952）、APGA（アメリカ集団精神療法学会）会長（1951～1954）などを歴任したこの分野の大家です。

ライフステージ（キャリア発達段階）論

スーパーはエリクソンの心理社会的発達理論やビューラーの生活段階、ハヴィガーストの発達課題、ミラーとフォームの仕事経験から見た人生段階、ギンズバーグの発達理論を統合してライフステージ（キャリア発達段階）論をまとめます。

ライフロール論

また1人の人間にはいくつものライフロールがあることを示す、ライフロール論も唱えています（次ページの図）。キャリアとは仕事役割だけでなく、社会における各種役割も含むことを示し、それらの役割も発達段階ごとに変化するという、分かりやすい図だと言えます。

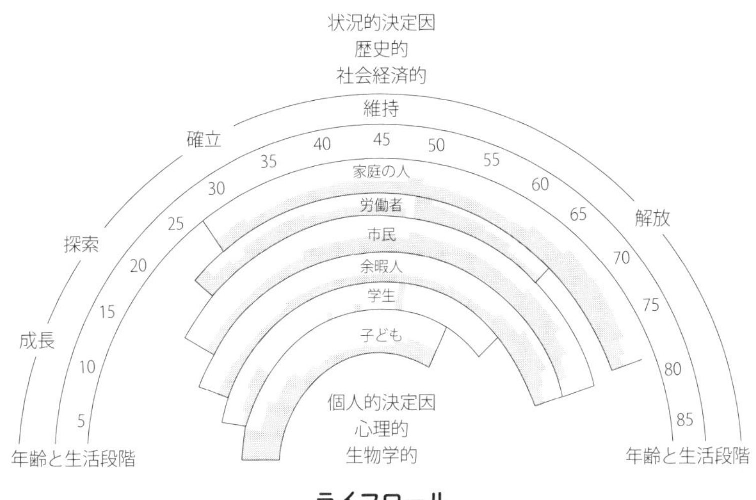

ライフロール

アーチモデル論

スーパーはまた、内的な個人特性と外的な社会特性を自己概念がつなぐ「キャリア決定のアーチモデル」も提示しています。

自らの個人特性をどう概念化し、外的な社会特性をどう概念化し、自らをどう調整していくかという主観的な調整過程を意識したものと思われます。

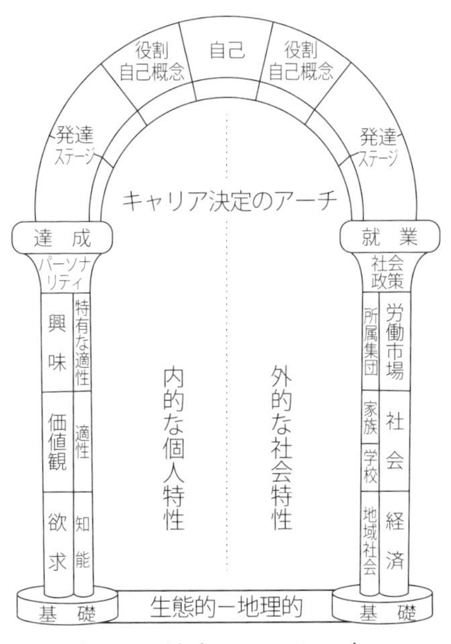

キャリア決定のアーチモデル

評価・課題

スーパーはその広い学問背景から「職業」から「キャリア」への転換を目指し、キャリア心理学の統合をもくろんだのではないかと思います。従来の仕事＝個人のマッチング理論に対して、発達的理論や仕事以外の役割（ライフロール）までも包含したキャリア発達理論を示したのは、スーパーの慧眼だと思います。

一方で「すべての人間がスーパーの発達段階説のように順調に昇進していくわけではない」「スーパーの発達段階説は典型的な高学歴の白人男性のみを扱っている」あるいは「倒産や転退職、病気・体調不良、家族や友人との不仲、産業や社会の変化など、白人男性でも誰にでも起こりうる『転機』に対応していない」などの批判が寄せられるようになります。

スーパーは研究後半には「マキシサイクル・ミニサイクル論」として、ライフステージの成長期、探索期の後に確立期を経て維持期、解放（下降、衰退）期の５段階を想定しつつ、また探索期に戻って新たな職業選択を行い、その職業では維持期に達しないことが普通になるかもしれないというマキシサイクル論と、それぞれのステージにおいて成長期から解放（下降・衰退）期の「ミニサイクル」があるとするミニサイクル論を唱えますが、日本ではあまり採り上げられることは少ないようです。

またスーパーは主題外挿法（Thematic-Extrapolation Method: TEM）というキャリアパターンの予測方法を提唱していますが、時代が早すぎたせいかそのまま定着・発展することはなかったようで、1990年代のナラティブ・アプローチの出現を待つことになります。

▶スーパーの師、『職業的適応の心理』「職業指導の動向」の著者

KEYWORD　職業的適応、自己決定

Harry Dexter Kitson（1886 ～ 1959）

ハリー・D・キトソン

POINT

- 人間という有機体はきわめて適応性に富む
- ある人間の職業的適応は彼自身の手によってなされるべきで、そういうものは生まれながらにできあがっているのではない
- 人は誰でも自分自身で職業を決定しなければならない

略歴

キトソンは 1886 年にインディアナ州に生まれ、スーパーの前のコロンビア大学教職大学院の教授でした。アメリカ心理学会の創立メンバーであり、職業ガイダンス分野のパイオニアとも言われます。1921 年には "The Mind of The Buyer; A Psychology of Selling" という本を出版し、1923 年には "Understanding the Consumer's Mind" という論文を執筆しています。

スーパーは、キトソンの定年退職を受けて職業指導主任教授になります。キトソンはハーバード大学の教職大学院時代に、スーパーの博士論文の指導教官をしています。

キトソンは NVGA（National Vocational Guidance Association）の "Occupation" 誌、"Vocational Guidance" 誌の編集者も務めていました。

キトソンの理論

キトソンは1925年に『職業的適応の心理』を書き、その中で人間という有機体はきわめて適応性に富むものであること、ある人間の職業的適応は彼自身の手によってなされるべきで、生まれながらにできあがっているのではないことを指摘しています。

1928年に発表した論文「職業指導の動向」では、「職業決定は自己の責任においてしなければならない」という見解を述べています。つまり「人は誰でも自分自身で職業を決定しなければならない。いかに科学の力を利用しようと、それで職業決定の責任を免れることはできない」のです。

論文や伝記を見てみると、全般的に客観的事実を淡々と記述するような純然たる研究者というよりは、「こうあらなければならない」「こうあるべき」という倫理的な記述をする人であったようで、研究者的な要素が少ない人であったようです。

キトソンはNCDAから1968年にエミネントアワードを受賞しています（1966年に後述のアン・ローが初めて受賞し、1972年にスーパーも受賞しています）。

▶スーパーのもう１人の師、教育的観点からの職業指導の強調

KEYWORD　職業指導、指導（教育的観点）の強調、探索的行動の強調

John Marks Brewer（1877 ～ 1950）

ジョン・M・ブリュワー

POINT

- **職業指導の先駆的役割**
- **探索的行動を強調し、心理学的テストに反対**

略歴

ブリュワーは "Vocational Guidance in School and Occupation"（1916）などの論文や "Occupations; a textbook for the educational, civic, and vocational guidance of boys and girls"（1923）や "History of vocational guidance, origins and early development"（1942）、"Occupations today"（1943）などの著書で知られており、ハーバード大学でスーパーを教えています。スーパーはブリュワーの教え子でもありますが、心理測定法も合わせて学びたかったことから、最終的に教職大学院のキトソン教授を指導教官に選んだと言われています（ブリュワーの大学院もキトソンの大学院も、どちらも当時の職業指導の先駆的な役割を果たしていたそうですが、ブリュワーは職業指導を強調していて、どちらかというと心理学を軽視しており心理学的テストの使用には反対であったそうです。そこでスーパーはキトソンを選んだとされています）。

ブリュワーの理論

ブリュワーは1918年に著した「職業指導運動」において、職業指導を「職業に関する知識と、個人が職業を選び職業に対し準備し、就職し、もしくは職業において進歩するにつき、知識を与え、助言し、または彼に協力する組織的な努力」とします。

ブリュワーは職業指導の哲学と過程は教育のあらゆる様相に基礎的にあるべきものであると主張し、著書『ガイダンスとしての教育』（1932）の中で修学指導、職業指導、娯楽指導、公民指導、宗教指導、家族指導、道徳指導までを扱いました。この包括性のために教育とガイダンスは同義と見なされ、ガイダンス担当者を雇ったりプログラムを計画したりする必要はないという指摘を受け、職業指導運動に悪影響を及ぼしたとも言われています。

ブリュワーは学校では“living”を教えるべきであって、“how to live”を教えるだけではダメだと言っています。ガイダンスとしての教育という考え方を含め、先進的だったが故にすべてが理解されなかった面もあったのではないかと、個人的には感じています。

▶スーパーのキャリア発達理論を土台にキャリア成熟について検討

KEYWORD キャリア成熟、因子モデルの提案、キャリア成熟尺度

John Orr Crites（1928～2007）

ジョン・O・クライツ

POINT

- スーパーの弟子で、スーパーのキャリア発達理論を発展的に継承
- 9 変数のキャリア成熟要因を検討し、キャリア成熟尺度を作成
- キャリア発達理論やキャリア成熟理論は、やがてサビカスのキャリアアダプタビリティ論へ

略歴

クライツは 1950 年にプリンストン大学で政治学の学位を取得、1957 年にコロンビア大学でカウンセリング心理学の博士号を取得します（指導教官はスーパーです）。アイオワ大学でカウンセリング心理学のプログラムを始め、大学のカウンセリングサービスディレクターを務めます。のち 1971 年にメリーランド大学へ、1981 年にケント州立大学へ、1985 年にノースウェスタン大学のカウンセリング心理学プログラムのディレクターになります。引退後、デンバー大学の客員教授も務めています。

クライツのカウンセリング理論

クライツはスーパーのキャリア発達理論を土台に、具体的なカウンセリング

の展開として、

①非指示的に問題の探索、自己概念の描写をする
②指示的に話題を設定する
③自己受容と洞察のために、非指示的に感情の反映と明確化を行う
④現実吟味のためにテスト、職業情報などのデータを指示的に探索する
⑤現実吟味のプロセスで起こった感情や態度を非指示的に探索し、それに働きかける
⑥意志決定を援助するために、非指示的に選択肢を考えさせる

というプロセスであると指摘します。

キャリア成熟尺度

キャリア成熟の要因として、クライツはスーパーの職業的発達を踏まえて

①進路選択要因
②独立性
③自発性
④手段および目標の把握
⑤計画性
⑥空想
⑦自己概念の明確化
⑧進路知識
⑨自己の性能・適性と職務の要求・資格との関連づけ

という9変数を挙げました。クライツはこれを総括して、第一因子として進路選択の一貫性（変数として時間、分野、水準）、第二因子として進路選択の現実性（能力、興味、人格）、第三因子として進路選択の遂行能力（自己評価、進

路情報、目標選択、計画性、問題解決)、第四因子として進路選択の態度(決断、関与、主体性、志向性、妥協)、第一因子と第二因子の間の変数として進路選択の内容、第三因子と第四因子の間の変数として進路選択の過程を想定します。

またスーパーがキャリア発達尺度を考案したことを踏まえ、クライツはキャリア成熟尺度を作成します。これは能力尺度として

①自己評価
②進路情報
③目標選択
④計画
⑤問題解決

が含まれ、考え方尺度として

①進路選択過程に対する考え方
②仕事への志向性
③意思決定の独立性
④進路決定要因への好み
⑤進路決定過程に対する考え方

が含まれるものでした。

影響

スーパーのキャリア発達理論やクライツのキャリア成熟理論は、やがてサビカスのキャリアアダプタビリティ(適合性)論に収束されていったとされています。

▶ RIASECの生みの親

KEYWORD　職業興味検査、ホランドコード、標準化

John Lewis Holland（1919～2008）

ジョン・L・ホランド

POINT

- 職業興味と本人のパーソナリティが深く関連していることに気づく
- 人間と環境を現実的、研究的、芸術的、社会的、企業的、慣習的の6つに分類
- 人の行動は、パーソナリティと環境との相互作用によって決定されるとした

略歴

ホランドの父親は20歳のときにイギリスから労働者としてアメリカに移住し、YMCAの夜間学校に通った後、広告会社の役員になったようです。母親は小学校の先生で、ホランドは1919年にネブラスカ州に生まれ（4人兄弟）、1942年にネブラスカ大学で学位を、1952年にミネソタ大学で博士号を取得し、ウェスタンリザーブ大学や復員軍人庁などで働いたのち、1969年から1980年までジョンズ・ホプキンス大学に勤務します。ホランドは職業興味と本人のパーソナリティが深く関連していること、特定の職業環境にいる人々が共通したパーソナリティを持っていることに気づき、その規則性を検査により測ろうとしました。

ホランドの理論

ホランドはギンズバーグやスーパーの発達理論に対して「概して説明の方法が一般的・包括的であるため、実際の指導には十分な効力が発揮できない」と批判し、具体的なツールの必要性を訴えます。

ホランドは、

①大多数の人は、現実的（Realistic）、研究的（Investigative）、芸術的（Artistic）、社会的（Social）、企業的（Enterprising）、慣習的（Conventional）の6つのパーソナリティ・タイプのうちの1つに分類される。
②環境モデル（仕事）も現実的、研究的、芸術的、社会的、企業的、慣習的の6つのモデルに分けられる。
③人は、自分の持っている技能や能力が生かされ、価値観や態度を表現でき、自分の納得できる役割や課題を引き受けさせてくれるような環境を求める。
④人の行動は、パーソナリティと環境との相互作用によって決定される。

とします。このため、クライエントのパーソナリティ・タイプを判別する「標準化されたテスト」を作り上げたわけです。あとはそのパーソナリティ・タイプに合う仕事を選択すればいいことになります。

今でもアメリカ労働省の無料オンライン・データベースO*NETの興味調べではRIASECのアップデートされたバージョンが使われているほか、我が国のVPI職業興味検査のもとにもなっています。

なお6領域に関わる環境（仕事）としては、具体的には以下の通りです。

(1) 現実的環境：大工、溶接工、SE、レントゲン技師、運転手など

①現実的環境は、その成員に対して、機械および道具使用のような現実的活動を行うよう刺激を与える。
②現実的環境は、その成員が技術的能力を育成し、技術的業績を上げさせるよう促す。

③現実的環境は、その成員自らが機械を操作する能力に恵まれている反面、対人関係能力を欠いていることを自覚させる。また、単純明快かつ伝統的な方法で、世界を見るように促す。
④現実的環境は、その成員が伝統的な価値観や態度を示し、物や金銭、権力、財産を重視するとき、報酬を与える。

とし、現実的環境の成員は「大勢に順応する」「物質主義的」「現実的な」「独断的」「自然な」「目立たない」「誠実な」「標準的」「断固とした」「頭が固い」「ねばり強い」「控え目な」「頑固な」「実利的」「洞察に欠けた」といった特性を獲得するか促される、とします。

(2) 研究的環境：気象予報士、研究開発スタッフ、薬剤師など

①研究的環境は、その成員に対して、研究的活動を行うよう刺激を与える。
②研究的環境は、その成員の研究的能力を育成し、研究的業績を上げさせるよう促す。
③研究的環境は、その成員自らが研究者として、数学的、科学的能力に恵まれている反面、指導性を欠いていることを自覚させる。すなわち、複雑性、抽象性、独自性の高い独創的な仕方で世界を見るよう促す。
④研究的環境は、その成員が科学的価値観と態度を示したとき、報酬を与える。

とし、研究的環境の成員は「分析的」「自律的」「急進的」「注意深い」「知的」「合理的」「複雑」「内省的」「目立たない」「批判的」「悲観的」「内気」「好奇心旺盛」「几帳面」「出しゃばらない」といった特性を獲得するか促される、とします。

(3) 芸術的環境：ミュージシャン、ファッションデザイナー、カメラマンなど

①芸術的環境は、その成員に対して、芸術的活動に携わるよう刺激を与える。
②芸術的環境は、その成員の芸術的能力を育成し、芸術的業績を上げさせるよう促す。
③芸術的環境は、その成員自らが表現力に富み、独創的で、直感的で、非調和

的で、自律的であること、また、芸術的能力（行動、文章、会話において）に恵まれていることを自覚させる。また、複雑性、独自性の高い、革新的かつ柔軟な仕方で世界を見るよう促す。

④芸術的環境は、その成員が芸術的価値観と態度を示したとき、報酬を与える。

とし、芸術的環境の成員は「複雑」「創造力に富む」「直感的」「気まぐれ」「非実利的」「反体制的」「感情的」「衝動的」「開放的」「表現力に富む」「自立的」「独創的」「理想主義的」「内省的」「感受性が強い」といった特性を獲得するか促される、とします。

(4) 社会的環境：看護師、カウンセラー、教師、公務員、ホテルフロントなど

①社会的環境は、その成員に対して、社会的活動に携わるよう刺激を与える。

②社会的環境は、その成員の社会的能力を育成する。

③社会的環境は、その成員自らが他者を援助したり、理解することを好み、協力的で、社交的であることを自覚させる。また、柔軟な仕方で世界を見るよう促す。

④社会的環境は、その成員が社会的価値観と態度を示したとき、報酬を与える。

とし、社会的環境の成員は「付き合いがいい」「頼り甲斐がある」「信頼できる」「協力的」「理想主義的」「社交的」「共感的」「親切な」「機転が利く」「友好的」「忍耐強い」「理解がある」「寛容」「説得力がある」「暖かい」といった特性を獲得するか促される、とします。

(5) 企業的環境：営業員、販売員、管理職、店舗マネージャー、講師など

①企業的環境は、その成員に対して、販売や指導といった企業的活動に携わるよう刺激を与える。

②企業的環境は、その成員の企業的能力を育成し、企業的な業績を上げさせるよう促す。

③企業的環境は、その成員に対して、自分が攻撃的で、自信家で、社交的で、指導力や会話の能力に恵まれていることを自覚させるように努める。また、

ホランドのRIASECモデル

	パーソナリティタイプ	適合する職業
[Realistic] 現実的	機械や物を対象とする具体的な活動に興味がある	・機械を扱う仕事 ・物を扱う仕事 ・動物に触れる仕事 ・運転する仕事 ・身体を動かす仕事
[Investigative] 研究的	研究や調査のような活動に興味がある	・研究する仕事 ・調査する仕事 ・考える仕事 ・分析する仕事
[Artistic] 芸術的	音楽、芙術、文芸など芸術的な活動に興味がある	・創造的な仕事 ・アイデアを生み出す仕事 ・表現する仕事 ・感性を生かす仕事
[Social] 社会的	人に接したり、奉仕をするような活動に興味がある	・人と接する仕事 ・人に奉仕する仕事 ・人を教える仕事 ・人を助ける仕事
[Enterprising] 企業的	企画したり、組織を動かすような活動に興味がある	・企画する仕事 ・組織を運営する仕事 ・リーダーシップを発揮する仕事 ・監督する仕事
[Conventional] 慣習的	定まった方式や規則に従って行うような活動に興味がある	・事務的な仕事・規則的な仕事 ・正確さが求められる仕事 ・整理したり管理する仕事 ・反復作業が多い仕事

権力、地位、責任の観点から、固定観念にとらわれた狭い視野から、単純な方法で世界を見るように促す。

④企業的環境は、その成員が金銭、権力や地位のような企業的価値観や目標を示したとき、報酬を与える。

とし、企業的環境の成員は「貪欲」「精力的」「強気」「冒険的」「熱心」「楽天的」「野心的」「興奮を求める」「機転が利く」「はっきり主張する」「自己顕示欲が強い」「自信家」「ごう慢」「外交的」「社交的」といった特性を獲得するか促される、とします。

(6) 慣習的環境：一般事務員、図書館司書、在庫管理、データ入力など

①慣習的環境は、その成員に対して、資料を記録し、それらを整理するような慣習的活動に携わるよう刺激を与える。

②慣習的環境は、その成員の慣習的能力を育成し、慣習的業績を上げさせるよう促す。

③慣習的環境は、その成員、自らが調和的で、従順で、実際的であり、書記的能力に恵まれていることを自覚させる。また、慣習的に、固定観念にとらわれた狭い視野から、依存的かつ単純な方法で世界を見るように促す。

④慣習的環境は、その成員が、金銭、信頼性や規範に則った行動のような慣習的価値観や態度を示したとき、報酬を与える。

とし、慣習的環境の成員は「用心深い」「融通が利かない」「ねばり強く」「順応的」「内気」「実利的」「良心的」「規律正しい」「徹底的」「教条的」「従順な」「倹約家」「有能」「行儀のよい」「事務的」といった特性を獲得するか促される、とします。

▶キャリアアンカーを用いたキャリアサバイバルを提唱

KEYWORD　キャリアアンカー、キャリアサバイバル、キャリアマネジメント

Edger Henry Schein（1928～）

エドガー・H・シャイン

POINT

- 時代に流されないための「キャリアアンカー」理論
- キャリアサバイバル（生き残るための組織ニーズへの適合）
- 近年はサバイバルよりもキャリアマネジメント

略歴

シャインは1928年にチューリヒで生まれ、1947年にシカゴ大学で学士号を、1949年にスタンフォード大学で心理学の修士号を、1952年にハーバード大学で社会心理学の博士号を取得しています。陸軍の研究所で洗脳研究を行った後、マサチューセッツ工科大学に移り、組織開発、キャリア開発等の研究を行っています。MITではTグループ※・感受性訓練にも関与していたと言います。

シャインの理論

シャインは著作がかなり多いので、ここでは一部の紹介にとどめたいと思います。シャインは、「自分がどうありたいか」を判断するツールとして、キャリアアンカーを提示します。これは40問のセルフアセスメント、あるいはキャリアヒストリー分析から、「専門・職能別能力」「経営管理能力」「自律・

独立」「保障・安定」「起業家的創造性」「奉仕・社会貢献」「純粋な挑戦」の8つのうちのどれに重きを置くかという考え方です。社会や時代が変化しても、自分のアンカー（錨）を明らかにすることで容易に流されないようにしようという考え方でしょうか。

シャインはまた、キャリアサバイバル（個人と組織ニーズとの適合）という考え方も提示します。

・現在の職務と役割を棚卸しする
・環境の変化を認識する
・環境の変化が利害関係者の期待に与える影響を評価する
・職務と役割に対する影響を確認する
・職務要件を見直す
・プランニングエクササイズの輪を広げる

ことを通じて、個人と組織ニーズとの適合を図ろうとする考え方です。

他方、近年は「キャリアマネジメント」という言葉を使うようになっており、自分のキャリアアンカーと仕事・家族・自分自身の折り合いをつけるという意味合いで「マネジメント」という用語を使っているようです。折り合いのつけ方としては、①役割マップを描き、あなたにとって重要で多くのことを期待する人々を特定し、人々が期待していることをリスト化し、役割の問題点と行動手順を特定。役割過重なら優先度を決め役割葛藤を確認し、キャリアアンカーと現在の仕事がどれくらいマッチしているか確認する、②仕事キャリアと家族／生活の優先順位をグリッド化するなどの方法を紹介しています。またキャリア開発のヒントとして、①現在の職務要件と将来の理想の職務要件を評価する、②乖離が大きい項目についてキャリア開発プランを立てる、③具体的なステップとタイムテーブルを定める、ことを推奨しています。

※Tグループとはトレーニンググループの略で、自己理解や他者理解、リーダーシップなどの人間関係を学ぶための学習グループを言います。

▶転機の4Sモデル

KEYWORD　トランジション、4S（状況・自己・周囲の支援・戦略）

Nancy K. Schlossberg（1929〜）

ナンシー・K・シュロスバーグ

POINT

- 人生を様々な転機の連続と捉える
- 4S（状況・自己・周囲の支援・戦略）の点検
- 転機の中身を見定め、4Sを確認し、主体的に対処することを求める

略歴

シュロスバーグは1951年にバーナード大学で社会学の学士号、1961年にコロンビア大学の教職大学院でスーパーの下でカウンセリングの教育学博士号を取得し、ウェイン州立大学、ハワード大学、プラット大学などを経てメリーランド大学でカウンセラー教育に携わるとともに、成人のキャリア発達について研究しています。1999年にはNCDA（全米キャリア開発研究協会）のプレジデントも務めています。

シュロスバーグの理論

それまでのキャリア理論では、ある年齢段階において人々が共通に遭遇する出来事や課題があると考えていたものを、シュロスバーグは人生を様々な転機（トランジション）の連続として捉えました。発達段階よりも「転機」への対応を重視する考え方です。シュロスバーグはまた転機を「予測された転機」「予測されなかった転機」「期待したことが起こらなかった転機」に区分しています。

シュロスバーグはステップ1として転機の中身を見定め、ステップ2として①状況（Situation）、②自己（Self）、③周囲の支援（Support）、④戦略（Strategies）のリソース（資源）を点検し、ステップ3として現実を受け止め、主体的に対処することを求めています（下図参照）。

シュロスバーグは、1987年にNCDAのエミネントアワードを受賞しています。

カウンセリングモデルと4Sの関係

	4S　トランジションモデル			
	状況	自己	周囲の支援	戦略
リレーションの形成	カウンセラーなどの基本的なスキルを活用する			
アセスメント	クライエントの環境	個人の内的な資源	外部の資源	現時点の対処レパートリーの列挙
クライエントのゴールの探索と提示	環境の部分修正	心の平静を取り戻す	サポートを増大させる	実行計画を発展させる
可能なカウンセラーの介入	環境の再構成や主張訓練	プラスとなる長所の探索	サポート・グループの紹介	問題解決型戦略
終結 フォローアップ	カウンセラーは、「クライエントが自分に何が起こってきたのかをふりかえり、次のステップを計画する」のを援助する			

▶転機の三段階論

KEYWORD　トランジション、終わり・ニュートラルゾーン・始まり

William Bridges（1933～2013）

ウィリアム・ブリッジズ

POINT

- **転機を三段階に区分**
- **転機：終わり・ニュートラルゾーン・始まり**
- **ニュートラルゾーン（空白の場所）という考え方**

略歴

ブリッジズは1933年ボストン生まれの著作家・組織コンサルタントで、ハーバード大学で英語学の学士号、コロンビア大学でアメリカ史の修士号、ブラウン大学でアメリカ文明の博士号を取得しています。ミルズ・カレッジで文学を教えていましたが教授職を辞し、トランジションのセミナーを開いて成功しました。顧客にはインテルやヒューレット・パッカードもいるそうです。

ブリッジスの理論

ブリッジズはトランジションを「終わり」「ニュートラルゾーン」「始まり」に分け、トランジションの法則として、

法則1：トランジションの初めの頃は、新しいやり方であっても昔の活動に

戻っている。
法則２：すべてのトランジションは何かの「終わり」から始まる。
法則３：自分自身の「終わり」のスタイルを理解することは有益だが、誰でも心のどこかでは、人生がそのスタイルに左右されているという考えに抵抗する。
法則４：まず何かの「終わり」があり、次に「始まり」がある。そして、その間に重要な空白ないし休養期間が入る。

とします。ブリッジズはまた、トランジションの過程で人は「死と再生」を経験するとも言います。ブリッジズは、

①誰しも転機があることを共有する。
②これまでの終わり体験を振り返る（トランジション・リストを作る）。
③ニュートラルゾーンでできることを考える。
④「始まり」の萌芽にはどんなものがあり得るか考える。

ことなどを推奨し、人間関係でトランジションを迎えている人には、
・焦らない
・当面の措置を取る
・「ともかく何かしなくちゃ」という気持ちで行動してはいけない
・些細なことでも自分のやり方を大切にする
・変化の良い面と悪い面の両方に配慮する
・話し相手を見つける

などを、仕事でトランジションを迎えている人には
・人生で、今まさに手放すべきものは何か
・人生の舞台の袖で出番を待っているものは何か

を問うことを推奨しています。

▶転機の 4 サイクルモデル

KEYWORD　トランジション、準備・遭遇・適応（順応）・安定化

Nigel Nicholson（1944 ～）

ナイジェル・ニコルソン

POINT

- 転機の 4 サイクル
- 「準備」「遭遇」「適応（順応）」「安定化」の 4 段階
- サイクルは繰り返されるが、必ずしも連続性があるわけではない

略歴

ニコルソンは 1969 年にカーディフ大学で学士号を、1975 年にウェールズ大学で博士号を取得し、1990 年以降はロンドンビジネススクールで教授を務めています。経営心理学者になる前はジャーナリストであり、メディアでコメンテーターもしていました。

ニコルソンの理論

ニコルソンは、

①サイクルは繰り返され、その効果はそれぞれのサイクルとともに蓄積する
―― ポジティブな結果は後のサイクルにポジティブな影響をもたらし、逆もまた真である。

②それぞれの段階とサイクルは相互依存の関係にある。一方において起こることは、他方へ重要な影響をもたらす。
③不連続性：それぞれの段階には挑戦、可能性、経験、課題がある。

とした上で、

第一段階「準備」：準備、期待、欲望、資源
第二段階「遭遇」：対処と意味づけ、対処可能性、他者とのつながり
第三段階「適応（順応）」：個人的変容、役割の変化、関係性の発達、人−環境の適応
第四段階「安定化」：課題や人々にコミットすることの効果

という４つの段階を想定しています。そして第四段階からまた第一段階に行くこともあるとしています。

▶統合的ライフプランニングを提唱

KEYWORD　６つの重要課題、労働・学習・余暇・愛、人生をキルトに例える

Sunny S. Hansen（1929 〜 2020）

サニー・S・ハンセン

POINT

- 労働、学習、余暇、愛から人生を考える
- 人生の役割をキルトに例え、全体を構成していく必要を訴える
- 統合的ライフプランニングには６つの重要課題

略歴

ハンセンは 1929 年にノルウェー系移民の貧しい家に生まれ、父親は６ブロック先の食肉加工場の社員で、１ブロック先に刑務所があったと言います。母親は血友病で、本人が９歳、妹が５歳のときに亡くなっています。街は移民や外国人が多く、角のメキシコ人兄弟とは遊び仲間であり、高校の親友は中国系アメリカ人だったと言います。

ハンセンはジャーナリズムを学ぶためミネソタ州立大学に入りますが、ジャーナリズムでは女性の活躍機会が限られることから英語を専攻して、高校の英語教員になります。高校の英語教師をやっていたことからやがてカウンセリング・ガイダンスに興味を持ちます。1957 年に英語、カリキュラム、教育指導の修士号を、1962 年にカウンセリング・ガイダンスの博士号を取得します。フルブライト留学生でノルウェーに滞在した経験があり、夫はノルウェーのク

ロスカントリーの選手で、子どもが２人います。主に女性や少数民族の意識改革教育である「ボーンフリー運動」の旗手としても知られています。

ハンセンの理論

ハンセンが唱える統合的ライフプランニングでは、現代には６つの重要課題があるとして、

①変化するグローバルな文脈の中でなすべき仕事を見つける
②人生を意味ある全体の中に織り込む
③家族と仕事をつなぐ
④多元性と包含性に価値を置く
⑤スピリチュアリティ（精神性・魂・霊性）を人生の目的として探求する
⑥個人の転換（期）と組織の変化のマネジメント

を挙げます。これらを一つひとつクライエントに確認していくのです。さらに「個人的な変化の阻害要因、促進要因は何か。その達成を把握する基準は何か」「人間関係の変化の阻害要因、促進要因は何か。その達成を把握する基準は何か」「組織の変化の阻害要因、促進要因は何か。その達成を把握する基準は何か」を問うています。

統合的ライフプランニングのゴールとしては、人生の４つの要素（労働・学習・余暇・愛）を統合し、個人や人生の全体性や統一性の維持あるいは確保を目指すべき、としています。

ハンセンは、1991 年に NCDA のエミネントアワードを受賞しています。

▶その幸運は偶然ではないんです！

KEYWORD　ハプンスタンス、学習と行動を学ぶ、好奇心を生かす

John D. Krumboltz（1928 ～ 2019）

ジョン・D・クランボルツ

POINT

- **人は学習し続ける存在であり、職業選択は学習の結果（社会学習論）**
- **キャリアにおける偶然の出来事を軽視せず、積極的に取り込むことを推奨**
- **偶然のきっかけからの成功を振り返り、学習や冒険的行動の重要性を確認**

略歴

クランボルツは1928年アイオワに生まれました。普段通らない道を偶然自転車で通りかかったときに幼稚園で別れた友人に再会し、やがて一緒にテニスを始め、迷っていた大学での専攻をテニスコーチに相談したところ、コーチが専攻した心理学を勧められ心理学を学び始めます。

のちに教員養成大学とコロンビア大学で修士号を取得した後、ミネソタ大学で博士号を取得。その後父親の要望でアメリカ空軍施設でリサーチサイエンティストをし、さらにミシガン州立大学で教育心理学を教えるようになります。さらにのちになってガイダンスカウンセリングのパイオニアH・B・マクダニエルからスタンフォード大学にリクルートされるのですが、本人の理論同様「偶然のきっかけ」でキャリアを切り開いてきた人です。クランボルツはこう

した出会いや運に可能性を感じ、標準化されたテストへの依存を嫌っていたそうです。

なお本書にも出てくるジェラットはクランボルツの最初の弟子（ジェラットのほうが年上です）であり、無二の親友（テニス仲間）でもありました。

クランボルツの理論

クランボルツは、社会的学習理論の影響を受け、1999年に「計画的偶発性理論（Planned Happenstance Theory）」を発表します。要約すれば、

- 人は学習し続ける存在である。職業選択行動は学習の結果であって、過去に起こった出来事と将来起こるかもしれない出来事を結びつけて解釈した結果である。
- キャリアにおける偶然の出来事を軽視せず、むしろ積極的に取り込み、よりよいキャリア形成に活用することを提案。
- すなわち過去の「偶然による成功」を聴取し、新たな偶然への参加を促し、偶然による成功確率が上がるような行動を促す。
- 好奇心、持続性、柔軟性、楽観性、冒険心の5つのスキルが重要である。

ということになるでしょうか。

ただこれではカウンセリングの目標・評価や過程が分かりにくいという指摘を踏まえたのか、2009年には「計画的」という単語を落として「偶発的学習理論（Happenstance Learning Theory）」を発表します。偶発的学習理論の4つの提案として、

(1) キャリアカウンセリングのゴールは、クライエントがより満足できるキャリアと私生活を達成するために行動することを学ぶことを手助けすることである。

(2) アセスメントは、個人的な特徴を職業適性とマッチさせるのではなく、学

習を刺激するために用いられる。

(3) クライエントは、有益な「計画されていなかったイベント」を生成するための方法として冒険的行動をすることを学ぶ。

(4) カウンセリングの成功は、カウンセリングセッションの外にある現実世界においてクライエントが遂行したことによって評価される。

とカウンセリングの目標と評価方法を明記します。

そして偶発的学習理論のカウンセリングの具体的な一連の流れとして、

1. クライエントの期待により添う（略）
2. スタート地点としてクライエントの懸念を明確化
   - 活気を感じたアクティビティ（活動・行動）を教えてください
   - 気に満ちたアクティビティはどうやって見つけましたか
3. 行動のもととなる、計画されていないイベントでの過去の成功体験
   - その影響されたイベントになぜ（どうやって）参加しましたか
   - どうやって可能性を認識しましたか
   - イベントの後、それを利用するために何をしましたか
   - 学んだ新しいスキルは何ですか
   - キーとなる人物にどうやってコンタクトしましたか
   - 他の人たちはあなたの興味やスキルから何を学びましたか
   - 今、どのような類似した行動を取ることができますか
4. 潜在的な可能性を見つけるためにクライエントを敏感にする
   - 起こって欲しいと思っているイベントを教えてください
   - 好ましいイベントを増やすためにどう振る舞うことができますか
   - もしあなたが行動すれば、人生はどう変わりますか
   - もしあなたが何もしなければ、人生はどう変わりますか
5. 行動を妨害するものに打ち勝つ
   - 何を信じることで、本当にやりたいことを止めていますか
   - 何を信じることで、望むことに近づく行動の第一歩になりますか

・何を信じることで、第一歩を踏み出すことを止めていますか
・適切な行動を取れば、どんな満足した人生を得られますか
・我々が次回会うまでにどんな行動を取りますか
・いつまでに行動のレポートを私にメールしてくれますか

6. カウンセリングの結果の評価（略）

という流れが具体的に紹介されています。

クランボルツは、1994年にNCDAのエミネントアワードを受賞しています。

・活気を感じたアクティビティ（好きだった／楽しかった／頑張ったこと）
・そのアクティビティはどうやって見つけましたか（どんなきっかけ？誰の誘い？）

↓

・行動のもととなる、計画されていないイベントでの過去の成功体験
・そのイベントになぜ（どうやって）参加しましたか、どうやって可能性を認識しましたか
・イベントの後それを利用するために何をしましたか、そこで学んだ新しいスキルは何ですか、他の人たちはあなたの興味から何を学びましたか
・今どのような類似した行動を取ることができますか

↓

・起こって欲しいイベントを教えてください、好ましいイベントを増やすためにどう振る舞うことができますか
・もしあなたが行動すれば人生はどう変わりますか、もしあなたが何もしなければ人生はどう変わりますか

↓

・行動を疎外するものを確認して排除し、行動を促進するものを確認して利用する。期限を決める

▶連続的意思決定と積極的不確実性

KEYWORD　キャリア意思決定理論、連続的意思決定プロセス、積極的不確実性

Harry B. Gelatt（1926～2021）

ハリィ・B・ジェラット

POINT

- **連続的意思決定プロセスをモデル化**
- **後期には積極的不確実性を提起**
- **キャリア分野における意志決定論的アプローチの第一人者**

略歴

ジェラットはカリフォルニア州立大学で心理学の学士号を、スタンフォード大学でカウンセリング心理学の修士号と博士号を取得しています。ジェラットは前出のクランボルツの最初の弟子であり、無二の親友（テニス仲間）であったと言います。ジェラットはキャリア分野における意思決定論的アプローチの第一人者とされることも多いようです。

ジェラットの前期理論

ジェラットの意思決定理論では、意思決定の前段階で決定すべき事項を明確化し、決定すべき事項に関する情報収集をした上で、意思決定は

①予期（予測）システム：選択可能な行動とその結果の予想を行う。自分の客

観的な評価と選択肢がマッチするかを予測する。
②価値（評価）システム：予測される結果がどれくらい自分にとって望ましいかを評価する。「自分の価値観に合っているか」「自分の興味・関心に合っているか」などを評価する。
③基準（決定）システム：可能な選択肢を目的や目標に照らし合わせて評価し、決定基準に合っているものを選択する。

という3段階で実施されます。

連続的意思決定プロセス

上記理論を踏まえて、ジェラットはスムーズに探索的決定から最終的決定へと意思決定が進行するプロセスとして「連続的意思決定プロセス」を提唱します（次ページの図）。そしてこのプロセスを進行させるためのガイダンスの枠組みを提示しています。

積極的不確実性

時代の急激な変化（あるいは直線的キャリア発達への批判）を受けて、ジェラットは自らの理論を修正していきます。「未来は存在せず、予測できない。創造され、発明されるものである。合理的な戦略は時代遅れであり、効果的でない」として

(1) 情報は限られており、変化し、主観的に認知されたものである
(2) 意思決定は、目標に近づくと同時に、目標を創造する過程でもある

としました。

こうして合理的な認知処理に基づく意思決定過程よりも、連続した相互作用の中で個人が現在と過去の状況を主観的にどのように理解し、自己あるいは未来に対する意味づけをどのように行うのかに焦点が当てられるようになったの

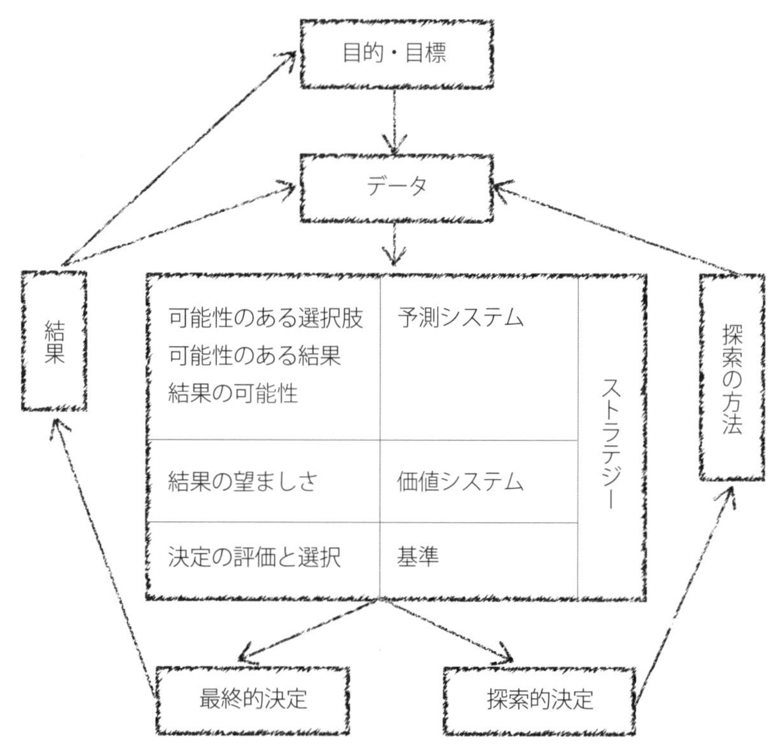

連続的意思決定プロセス（Gelatt, 1962）

です。こうした考え方はクランボルツの偶発的学習理論と相互に影響を与え合っていたものと思われます。

▶構成主義に基づく意思決定理論

KEYWORD　キャリア意思決定理論、期待と実現、構成主義アプローチ

David V. Tiedeman（1919 ～ 2004）

デイビッド・V・ティードマン

POINT

- 意思決定のプロセスを「期待（先入観）」と「実現（適応）」に区分
- 期待段階は探索、結晶化、選択、明確化で構成され、実現段階は誘導、変革、統合で構成
- カウンセラーの役割は、クライエントのprofessionalな成長のためのアイデアを明確化すること

略歴

1919年に生まれたティードマンはユニオンカレッジで心理学の学士となり、ロチェスター大学で修士号を取得、のちハーバード大学で修士号と博士号を取得し、ハーバードで講師・副部長（associate director）になったのち1973年にノースイリノイ大学で、1981年にサウスカリフォルニア大学で教授になります。

ティードマンの理論

ティードマンはキャリアの理解に構成主義アプローチを導入したことで知られます。ティードマンによれば、キャリア発達の成功は3つの要素が重要だとします。第一が環境に対してprofessionalに適合する自己の組織化のプロセ

ス、第二が professional な不連続や断絶に橋をかける活動、第三が差異化と統合の間で動く決定です。

ティードマンの理論は意思決定の区分と統合を「期待もしくは先入観」と「実現または適応」という 2 つのプロセスに分けます。期待の段階は探索、結晶化、選択、明確化から構成され、実現の段階は誘導、変革、統合から構成されます。

評価

ティードマンの理論は、性格タイプの類型や発達段階の区分、キャリア成熟や仕事課題への適応の状態がどうしたというよりも、クライエントが主観的に professional な発達に関するアイデアを明確化することを支援することを目的としていましたが、難解なこともあり必ずしも理解されなかったと言われています。

ティードマンは、1979 年に NCDA のエミネントアワードを受賞しています。

構成主義アプローチ

人間は客観的事実に基づいて冷静に間違いない判断をするというより、人間はあくまで本人の主観的把握（内面的要因）により主観的選択をしていくのだという立場。

▶認知的不協和理論を意思決定理論に応用

KEYWORD　キャリア意思決定理論、認知的不協和、協和（解消）

Thomas L. Hillton（1924 ～ 2013）

トーマス・L・ヒルトン

POINT

- フェスティンガーの認知的不協和理論を意思決定理論に応用
- 取れないブドウは酸っぱいに違いない

略歴

1924 年に生まれたヒルトンはマサチューセッツ工科大学に入学しましたがアメリカ空軍に入隊し、除隊後 MIT に戻り、ハーバード大学で博士号を取得します。ハーバードで助教をした後、1956 年からカーネギー工科大学（今のカーネギーメロン大学）の心理学教授職を得ます。

認知的不協和理論

フェスティンガー（Festinger, L. 1919-1989）は、「人は相容れない 2 つの認知を持つと不快（不協和）な状態になり、この不快さを低減して安定した（協和）状態に戻そうとする行動を取る」という認知的不協和理論を発表します。イソップ物語の「きつねと酸っぱいブドウ」の逸話のように、美味しそうなブドウがあるのに手が届かず食べられない状態であると認知的不協和が生じ、「あのブドウは酸っぱいに違いない」と認知を変えることによって不快さを解消しようとするという理論です。

　フェスティンガーは、単純作業を行わせた学生に報酬を支払い、次に同じ作業をした学生にその作業の楽しさを伝えさせる実験を行い、つまらない作業という認知と矛盾する楽しさを伝えるという認知から不協和が発生するが、報酬の多寡で楽しさを伝える度合いが異なることを確かめました。報酬が少ない学生は報酬が多い学生よりも楽しさを伝える度合いが強く、割に合わない報酬に対して「本当は面白かったのだ」と認知に修正を加えて不協和を解消しようとしたと考察されています。

ヒルトンの意思決定理論

　ヒルトンの意思決定モデルは、フェスティンガーの認知的不協和理論を意思

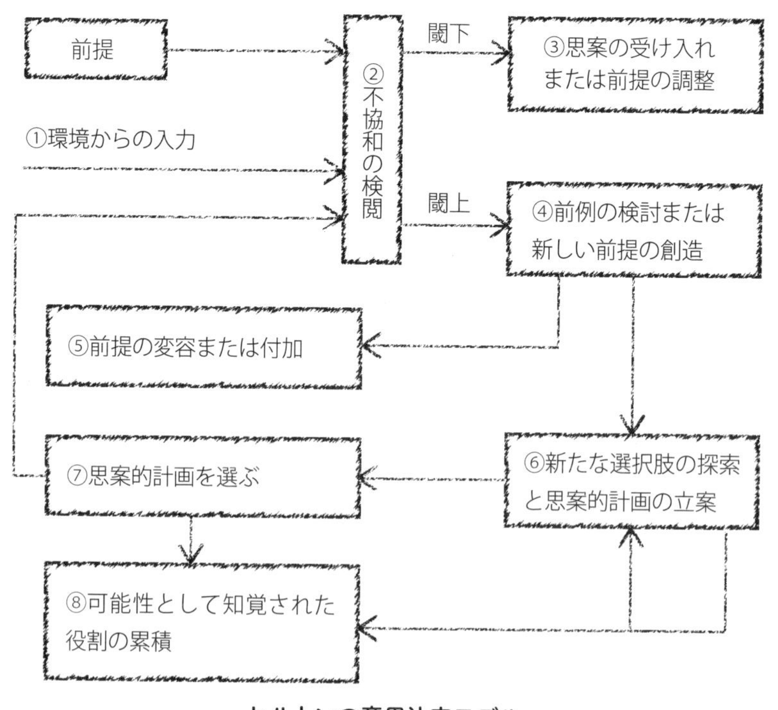

ヒルトンの意思決定モデル

決定プロセスに応用したものです。個人が持つ自己概念や希望、期待、職業観等の「前提」と外界からの情報との間に生じた不協和（不一致）の解消が意思決定の過程だとします。

ヒルトンは、自分の理想や希望と実際の仕事が不協和だった場合、無意識に希望を変更できるかできないかで選択肢が分かれ、理想や希望に合わない場合は前提を再調整して新しい仕事を探し、その結果希望に近い仕事が見つかったり別の可能性が生まれたりするというプロセスを想定しました。

現場で活用する際のコツあるいは注意点として、クライエントが今は手が届かない美味しそうなブドウ（本人にとって手の届きにくい理想の仕事）に対して「あのブドウは酸っぱいに違いない」と認知を無意識のうちに変容させる可能性を意識し、本人の「本当の価値観」に注意を払うことが重要だと個人的に思っています。

▶社会的学習理論（モデリングによる学習）を提唱

KEYWORD　社会的学習理論、モデリング、相互決定論

Albert Bandura（1925〜2021）

アルバート・バンデューラ

POINT

- 社会的学習理論を提唱
- 自己効力感研究は教育学、社会学にも影響
- 社会的学習理論はクランボルツやジェラットに影響

略歴

カナダ人であるバンデューラは、1925年にカナダのアルバータ州に生まれ、カナダのブリティッシュコロンビア大学を卒業後、1952年にアイオワ大学で博士号を取得しています（父親はポーランドのクラクフ、母親はウクライナの出身だそうです）。スタンフォード大学に長く勤務し、1974年にはアメリカ心理学会の会長も務めています。1950年代後半、当時優勢であった行動主義学習理論の中で、社会的学習理論（モデリングによる学習）を提唱したことで知られ、1990年代に提唱した自己効力感については、教育学や社会学にも影響を与えたとされています。

社会的学習理論

バンデューラは、当時の行動主義学習理論が学習する個体（人間や動物）自

身の直接的経験を前提としていたのに対し、他の個体の行動を観察することによっても学習が成り立つことを実証し、新たな理論づけを行いました。それが社会的学習理論です。

「ボボ人形実験」がよく知られ、大人たちがボボ人形（風船のように膨らませた人形）を叩く、パンチする、おもちゃの木槌を使って人形を打つなどしたビデオを見せられた子どもたちは、そうでない子どもよりもボボ人形に対して明らかに攻撃的になったことを報告しています。

社会的学習理論をまとめると、

①学習とは純粋に行動的なものというわけではない。むしろ、社会環境で起こる認知過程の一種である。
②学習は、行動を観察し、行動の結果を観察することによっても行われる（代用強化）。
③学習には、観察、観察で得た情報の抽出、行動の結果に関しての決断（観察的学習やモデリング）が含まれまる。そのため、行動者の観察可能な変化なしに学習が起こり得る。
④強化は学習において役割を果たすが、その学習に対して必須要素ではない。
⑤学習者は受動的な情報の受信者ではない。認知、環境、そして行動はすべて互いに影響を及ぼし合っている（相互決定論）。

となります。

▶プロティアンキャリア（変幻自在なキャリア）の必要性を提唱

KEYWORD　プロティアンキャリア、関係性アプローチ、個人の心理的成功

Douglas T. Hall（1940～）

ダグラス・T・ホール

POINT

- キャリアはプロセスであり、仕事に関する経験の連続
- キャリアは行動と態度から構成され、把握には主観的・客観的キャリア双方を考慮する必要
- キャリアの成功は本人が評価するもので、研究者・雇用者が評価するものではない

略歴

ホールはイェール大学卒業後、マサチューセッツ工科大学（MIT）スローンスクールで修士・博士号を取得しています。MITではシャインの教えも受けています。イェール大学、ヨーク大学、ミシガン州立大学、ノースウェスタン大学の教員を務め、コロンビア大学およびウエストポイント陸軍士官学校の客員教授なども務めました。シアーズ、AT&Tなどのコンサルティングにも従事していたそうです。研究分野はキャリア発達、女性のキャリア、キャリア・プラトー、ワーク・ファミリー・バランス、経営者交代などで最終的にボストン大学経営大学院教授となりました。シャインの後継者とはなれなかったようです。

ホールの理論

ホールは、人々が特定の組織の中で長期的なキャリアを積むことは期待できず、もはやキャリアは組織に依存するというよりも、むしろ個人によって変幻自在（プロティアン）に作り出される必要がある、としました。現代においては、収入の増加を目指すよりも働く意味の追求、昇進して偉くなることよりも働くことの目的の追求、自我（ego）よりもアイデンティティの形成、達成を目指すよりも学習を目指すことを望ましいと考えました。また現代におけるキャリアは、新たな職務への挑戦、人間関係、多方面での経験などの今日的な職場環境との関係を通して形成されることから、自らのアプローチを「関係性アプローチ」と呼びました。関係性アプローチのゴールは心理的成功であり、個人の側の努力と組織の側の努力を必要としました。

ホールによればプロティアンキャリアとは、

①プロテウス神のような変幻自在なキャリア：常に学び続けることで、自らの人生やキャリアの方向性を再構築できる能力
②学習を継続することがモチベーションを創出すると同時に、働く者が自らの価値を見いだし、目的とゴールを達成する心理的成功の探求となる
③プロティアンキャリアは自己の創造であり、自律であり、関係性に富んだ世界であるが、闇の部分も隠れている

としています。

▶キャリアカウンセリングのナラティブアプローチ

KEYWORD　ナラティブアプローチ、質的キャリア・アセスメント、自叙伝

Larry Cochran（1944～）

ラリー・コクラン

POINT

- スーパーのキャリア概念は広すぎるので、vocation（天職≒主観的なキャリアの見通し）に収斂されるべきとした
- キャリアカウンセリングにナラティブアプローチを導入した１人。生活史法を自叙伝的資料に応用
- ライフライン、ライフチャプターの名付け、成功体験のリスト化、家族の布置、ロールモデル、早期記憶等を質問することでクライエントの人生物語を「強化」

略歴

コクランはブリティッシュコロンビア大学でカウンセリング心理学を教えていたカナダ人です。オレゴン大学で修士号を、ユタ大学で博士号を取得しています。主著として“Studies of major life decision”“A sense of vocation in career”“The ways in which individuals become more potent agents in Shaping a life”が紹介されていますが、“Career Counseling -A Narrative Apporach”のみが邦訳されています（宮城まり子・松野義夫訳、『ナラティブ・キャリアカウンセリング――「語り」が未来を創る』、生産性出版）。

コクランの理論

コクランは人生を「不完全」「ポジショニング」「ポジティング」「完結」の4フェーズに分類します。そして、vocation（天職）を見つけるために、①ライフライン（人生を上下行する曲線で描写）を書かせ、②ライフチャプター（自叙伝の各時期）に章名をつけさせ、③成功体験をリスト化し、④家族の布置（家族の特徴、違い）を確認し、⑤ロールモデル（尊敬する人と自分の相同・相違）を確認し、⑥早期記憶などを質問する技法（質的キャリア・アセスメント）を用いて、クライエントのナラティブ・ストーリー（人生の物語）を「強化」するというキャリアコンサルティングを行っていきます。

"Career Counseling -A Narrative Apporach" の序文は後述のサビカスが書いており、「これまでのキャリアガイダンスで欠けていたことは、クライエント自身の内面（主観、語りの物語）に焦点を当てるカウンセリングであった」とし、「キャリアカウンセリングの本はたくさんある。しかし、これらの本は、職業ガイダンスであったり、キャリア発達理論を適用したキャリアカウンセリングばかりであった。本書では、キャリアカウンセリングをもっと個人的なものにするアプローチを行っている」として、コクランの主観的なキャリアの見通しの把握を高く評価しています。

ナラティブアプローチ
質問やワークを用いることで、クライエントの人生観に関する語りを積極的に引き出そうとするアプローチ。

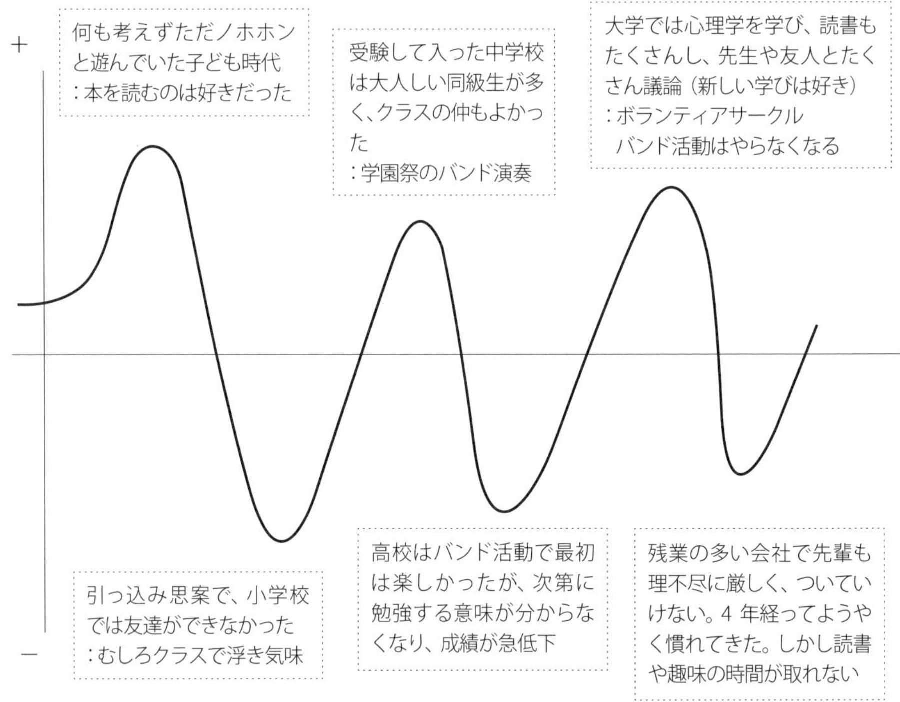

派生したやり方はいろいろありますが、ライフラインでは左端を誕生（0 歳）、右端を現在として、自分で人生でポジティブだったと思う時期は上に、ネガティブだったと思う時期は下にプロットして、人生全体を曲線で描いてもらいます。そしてなぜポジティブ（ネガティブ）と感じたのか、その時期に起こった出来事や感じたことを書いてもらいます。未来に向けてライフラインを書かせている実践例が散見されますが、それは本来の技法とは異なるものと思っています。

ライフラインの例

▶ライフキャリアの視点からのアセスメントを開発

KEYWORD　ライフキャリアカウンセリング、ライフキャリアアセスメント、折衷派

Norman Charles Gysbers（1932~）

ノーマン・C・ガイスバーズ

POINT

- ライフキャリアの視点からライフキャリアアセスメント（LCA）を実施
- LCAなどの質的アセスメントを用いるが、並行して標準化されたテストも用いる折衷派
- 多数の技法を折衷的に活用する実践家

略歴

ガイスバーズはホープ大学で1954年に学士号を、1959年に修士号を、ミシガン大学で1963年に博士号を取得しています。ミズーリ大学での教員を経てミシガン大学の教授になります。

ガイスバーズの理論

ガイスバーズは、ライフキャリアの視点（個人の役割・環境・出来事など人生における重要な要素すべてを考慮して最適な選択を行おうとする考え方）から行う「ライフキャリアカウンセリング」概念を提唱し、ライフキャリアアセスメント（LCA：これまで好きだった職業・教育・余暇、典型的な1日、長所や短所などを

聴取する）やキャリアジェノグラム※、職業カードソート、標準化されたテスト、キャリア変化検査（CTI）を使ってクライエントのライフキャリアテーマを発見する方法について紹介しています。

ガイスバーズらは、LCAなどの質的キャリアアセスメントを導入しつつも、標準化されたテストも併用しており、多文化・性・障害などを含め包括的にキャリアカウンセリングを実施しようとしているところ（折衷派）が特徴的です。ガイスバーズもサビカス同様、アドラーの影響を受けたことを述べています。

ガイスバーズもまた時代を先取りするキャリアカウンセリング・キャリア発達の研究者であり、NCDAやNCA（Amarican Counseling Association）のプレジデントを務め、1989年にはNCDAのエミネントアワードを受賞しています。

※キャリアジェノグラム：ジェノグラムとは家系図のこと。家系図を書き、祖先・親族の生没年や名前だけでなく仕事や結婚・離婚した年など、その人たちの「キャリア」を書き込んで、周囲からの自分への影響、周囲への自分の評価を見ていくことで、仕事観や人生観を明らかにしていく手法。プライバシーもあるので、日本では少しやりにくいかもしれません。

▶キャリアパスウェイ、「積極的関わり」を推奨

KEYWORD　積極的関わり、折衷派、実践的

Norman E. Amundson（1948 ～）

ノーマン・E・アムンドソン

POINT

- **主訴以外にも触れる「積極的関わり」を提唱**
- **キャリアパスウェイの確認**
- **多数の技法を折衷的に活用する実践家。ナラティブ／構成主義者**※

略歴

アムンドソンはアルバータ大学を卒業した、キャリア発達とカナダ移民問題を扱うブリティッシュコロンビア大学のカウンセリング心理学の教授です。2014 年に NCDA のエミネントアワードを受賞しています。

アムンドソンの理論

アムンドソンは自らを、解釈学的ナラティブ／構成主義者であり、解決志向であると言っています。

具体的には、キャリアパスウェイとして個人領域である①興味、②価値、③スキル、④性格、個人外領域である⑤重要な他者の認知（キーパーソン）、⑥教育的背景、⑦仕事や余暇の経験、⑧労働市場に注目した活動の 8 分野について聴取するほか、仕事上の課題分析、職場の魅力探し、シャインのキャリアア

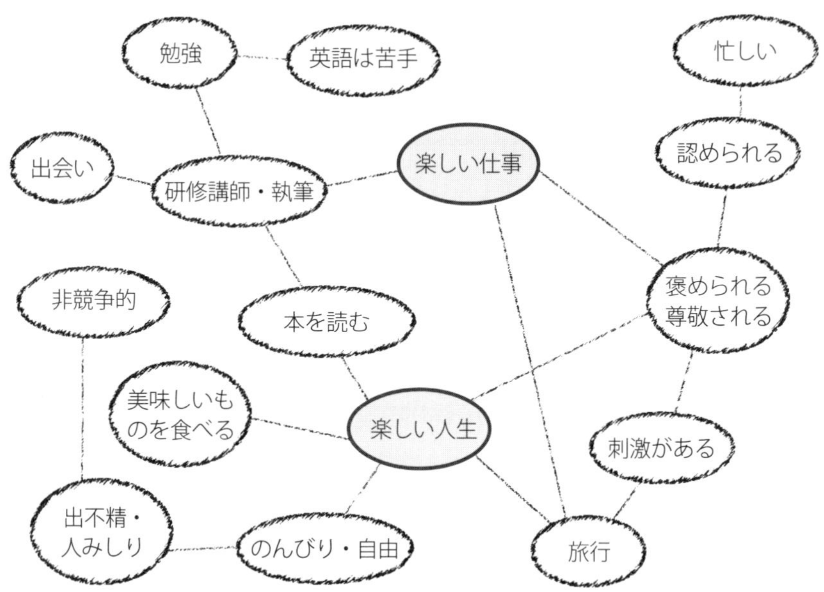

マインドマッピングでは刺激語（図の場合は「楽しい仕事」「楽しい人生」）から連想ゲームのように言葉をイメージして線でつないでいくことで、クライエントが刺激語に対してどのような考えや価値観を持っているのかを具体的な言葉として表出してもらう。

マインドマッピングの例

ンカー、カードソート、サビカスでも用いられる幼少期の記憶の聴取、マインドマッピングあるいは比喩などの技法を折衷的に用いてキャリアカウンセリングが終結するまでを解説しています（解決志向カウンセリングも引用します）。アムンドソンは、当初クライエントが持ってきた主訴だけでなく周囲の問題を含めて積極的な関わり（Active Engagement）が必要であることを主張します。

アムンドソンは問題に焦点化した対話パターンに陥った事例のスーパービジョンに際しては「比喩や描画、深層を探るスキルや、詩作、物語、解決志向の質問、行動リハーサルなどの技法を、もっと使うように言う」という、ナラティブ／構成主義者なのです。

※ナラティブ／構成主義者：ナラティブアプローチ技法を用いる、構成主義的アプローチの立場の研究者・実践家のこと。

▶「5つの質問」でライフテーマを明らかに

KEYWORD　キャリア構築理論、キャリアストーリーインタビュー、キャリアアダプタビリティ

Mark. L. Savickas（1947～）

マーク・L・サビカス

POINT

- **クライエント自身の内面（主観）に焦点を当て、人生を物語として理解する**
- **尊敬する人、よく見る雑誌やテレビ、好きな物語、モットー、初期記憶を質問**
- **スーパーやアドラーからの影響。質問することで人生物語の象徴を聴取**

略歴

サビカスは幼い頃から父の働く姿を見、また父の仕事を手伝うなど「働くこと」に関心が高く、仕事の世界を心理学、社会学、経済学、神学など多様な視点で追究することを考えていました。多方向から仕事を学ぶことができる大学がなかったのでスクールカウンセラーになる予定で修士課程へ進み、カウンセリングセンターでのインターン実習初日に出会った学生のキャリア相談ができなかったことから、vocational counseling（キャリアカウンセリングという名称になる前の職業カウンセリング）のコースを受講。そこでクライツの“Vocational Psychology”（職業心理学）に出会います。結局、コロンビア大学のスーパーが主任指導者となり、メリーランド大学のクライツ、ジョンズ・ホ

プキンス大学のホランドの指導も受けながら博士課程の研究を進めます。サビカスは、のちにスーパーの蔵書をすべて受け取ったと言われます。

サビカスの理論

1989年にアドラー心理学を取り入れて、①ロールモデル、②本（愛読書）、③雑誌（愛読雑誌）、④レジャー活動（自由時間に何がしたいか）、⑤学校の科目（好きだった科目、嫌いだった科目）、⑥モットー（好きなことわざや座右の銘）、⑦理想の将来像、⑧意思決定を問う「キャリアスタイルインタビュー」を構成しています。アドラー心理学を取り入れることで、マッチング概念から所属概念へ、タイプ論から個別論へ、職業興味からキャリアパスへ、選択から意思決定へ改善できると考えたそうです。

さらに2002年には構成主義の影響を受け、キャリア構築理論を発表します。これは特に心理的構成主義の影響、外的環境への適応の重視という視点を取り入れたものです。そうした中でキャリアスタイルインタビューは、5つの質問で構成される「キャリアストーリーインタビュー」へと改訂されます。

効果と課題

サビカスの技法の優れた点は、質問が5つに限定されており、誰でもすぐに覚えて実施できる点です。少ないけれども答えやすい質問はクライエントにとって負担となりにくく、自分の人生物語を表していると気づきやすいでしょう。そうしたこともありサビカスはキャリアカウンセリングが「通常3回程度で終了する」としています。またテストを実施して回答をカウンセラー側から与えるのではなく、質問にクライエント自ら答え自ら自分らしい未来を（カウンセラーと一緒に）考えていくため、クライエントが主体的に参加しやすいというメリットもあります。

一方で「尊敬する人」が言えない若者、雑誌やテレビを見ない若者、早期記憶がなかなか出てこない人もいるため、個別の運用にはグループで取り組むであるとか、ネットも対象とする、早期記憶はある程度大きくなってからでもよ

5 つの質問と質問の意図

- 尊敬する人（ロールモデル 3 人）：（理想の）自己概念
- 好きな雑誌やテレビ番組：興味の把握
- 好きな物語：人生との適合、調和
- モットー（指針となる言葉）：指針
- 早期記憶（幼少期の思い出 3 つ）：出発点（過去の自己概念）

5 つの質問の分析と解釈

テーマ 1：現在まで捉われていること（過去から続く自己概念）は何か？
→幼少期の思い出に着目
テーマ 2：捉われに対処するために、これまでどのように自己を構成してきたか
テーマ 3：興味を持っている／活躍したい場面
→好きな雑誌・テレビ番組に着目
テーマ 4：人生の台本となるもの→好きな物語に着目
テーマ 5：方向性を与えるもの→モットーに着目
テーマ 6：未来のシナリオ作り→クライエントにとって問題の本質は何で、未来をどうしていきたいか

キャリアストーリーインタビュー

いとするなど工夫の余地はありますが、そこに配慮すればアメリカとは文化が異なる日本においても効果的な技法と言えるのではないでしょうか。

サビカスは 1996 年に NCDA のエミネントアワードを受賞しています。

▶文化的ツールとしてのソシオダイナミック・カウンセリングを提唱

KEYWORD　ソシオダイナミック・カウンセリング、構成主義、マッピング

R. Vance Peavy（1929〜2002）

R・ヴァンス・ピーヴィー

POINT

- **構成主義アプローチ**
- **人は社会システムや家族、同僚といった重要な他者から影響を受ける（人間と環境の相互作用）**
- **ソシオダイナミック・カウンセリングは「自己の創造（creation）」であり、文化的ツールであって心理学的テクニックではない、とする**

略歴

ソシオダイナミック・カウンセリングを開発したピーヴィーはカナダのビクトリア大学の（元）教授・名誉教授であり、カナダのカウンセリング分野の重鎮でした。1929年にコロラドで生まれ、オレゴン大学で博士号を取得、1967年にカナダに移住したようです。カナダのみならずアメリカやフィンランド、デンマーク、スウェーデン、エストニアなどでの講演経験もあったようです。

ピーヴィーの理論

ピーヴィーのソシオダイナミック・カウンセリングは、

①複数のライフ・ストーリー（仕事や家族・家の中での役割などの物語）を傾聴
②それぞれの役割（例えば大学研究者であれば執筆者としての役割、講師としての役割、家庭の中での夫の役割など）をマッピング
③人生の章にそれぞれ名前をつける
④特徴やポジティブな特性等を明確化する
⑤最後にライフ・スペース・マッピングを行う

という流れで進みます。

ピーヴィーは、カウンセリングに必要なスキルとして「対話的傾聴」を提唱しており、心の平安、友好関係、変容的学習の 3 点が重要とします。

ソシオダイナミック・カウンセリングについては財団が Web サイトを公開しています（http://sociodynamic-constructivist-counselling.com/）。

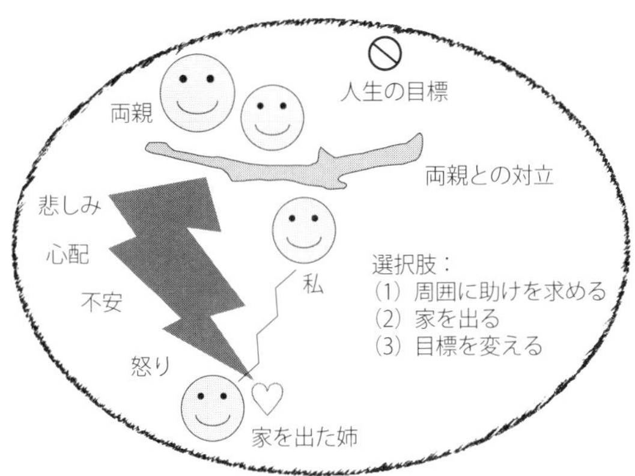

この図は、17 歳の女性が海外の平和活動に参加したいと思っているが、両親に反対され悲しみや心配、不安、怒りを感じ、先に家を出た姉に親しみを感じていることを表している。
マッピングの後、カウンセラーと相談し（1）周囲に助けを求める、（2）家を出る、（3）目標を変えるという 3 つの選択肢を考えたことが示されている。

ライフ・スペース・マッピングの例
（Peavy[Copyright by Taos Institute Publications], 2010 より）

▶キャリアカウンセリングにおけるシステム理論を提唱

KEYWORD　システム理論、システムセオリーフレームワーク、マイシステムオブキャリアインフルエンス

Mary McMahon

マリー・マクマホン

POINT

- パットンとともに、キャリア理論にシステム理論を導入
- 伝統的なアプローチと質的アプローチをつなぎ、理論と実戦をつなぐメタ理論として開発されたシステムセオリーフレームワーク（STF）
- クライエントが自身の主観的な経験や感情をもとに、自分の人生全体を環境との相互作用として理解できるようになるマイシステムオブキャリアインフルエンス（MSCI）

略歴

マクマホンはオーストラリアのクイーンズランド大学で博士号を取得し、同じくクイーンズランド大学でキャリア発達理論、キャリアガイダンス、カウンセリング、スーパービジョンを教える現役の教員であり実践家です。特に子どもや思春期の青年のキャリア発達に興味を持っているそうです。構成主義アプローチ、質的アセスメントの専門家でもあります。APCDA（アジア太平洋キャリア開発協会）大会発表の常連であり、現在はAPCDAの理事を務めています。

マクマホンの理論

システムセオリーフレームワーク（STF）は、

①学校を卒業する頃を振り返る。どこに住んだか、どんな人物か、どんな生活か。その頃、人生に大きな影響を与えたことを思い描く

②紙と鉛筆を用意する。紙の真ん中に丸を書きその中に「私」と書き、今振り返った自分の特徴、例えば性格、特筆すべき能力やスキルを書く

③その頃の自分の人生に大きな影響を与えた人や考えはどのようなものか、思い描いたものを「私」の丸と交わる丸を書き、その中に書き入れる

④それまでに書いた丸を囲む、もっと大きな丸を書く。所属していた社会やその社会や環境における重要な側面はどのようなものかを振り返る。その頃田舎に住んでいたか、社会的、経済的に恵まれていたか、政府の規制から影響を受けていた等を、丸の中に書き込む

⑤さらに外側に別の丸を書く。その頃の過去や現在を考える。特定のライフスタイルに魅かれていたり、目標とする人がいたり、その後の選択に影響を与えるような怪我や病気といった出来事があったか等を考え、丸の中に記入する

という順序で紙に書かせていくものです。

個人の主体性を重視するコクランやサビカスに比べると、ピーヴィーと同様に「環境からの影響」「環境との相互作用」をより強く意識させるものであることが理解できると思います。

また、マイシステムオブキャリアインフルエンス（MSCI）は、STF を利用した振り返りを、以下のようなテーマ別に実施するものと説明されています。

・自分について考える
・自分の周りの人について考える
・自分の環境や社会について考える
・自分の過去、現在、未来について考える

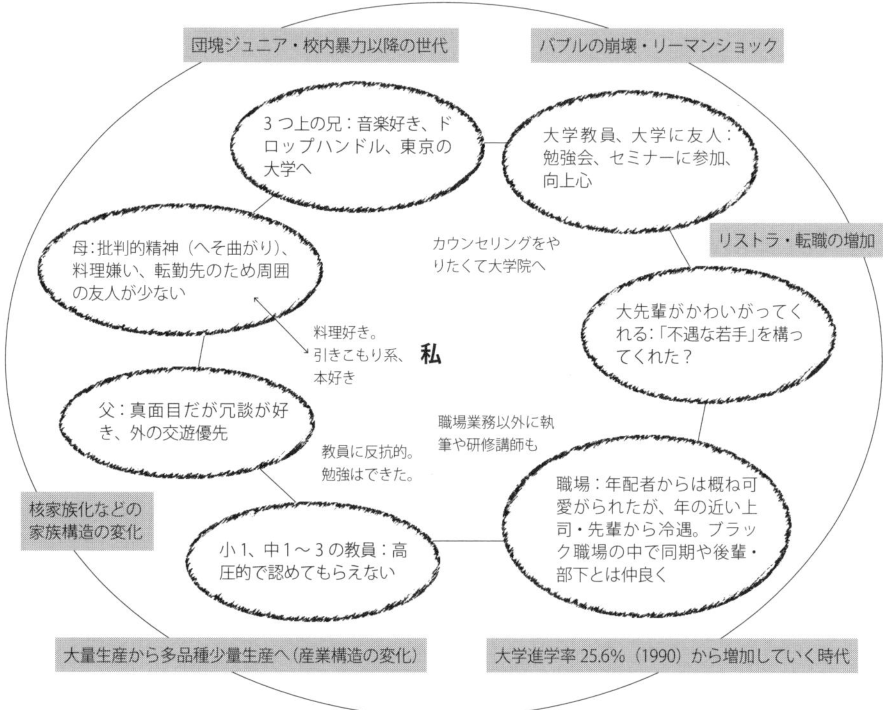

システムセオリーフレームワーク（STF）の例

- 自分のキャリアシステムの影響を説明する
- 自分のキャリアシステムの影響について振り返る
- アクションプランを作る

▶数理モデル「カオス理論」をキャリア行動に応用

KEYWORD　キャリア・カオス理論、バタフライ効果

Robert G. L. Pryor & Jim E. H. Bright

プライアーとブライト

POINT

- カオス理論をキャリアに転用
- 予測、複雑さ、創発性、非線形性、非予測性、アトラクタ
- 現在の小さな変化が将来の大きな変化につながる

略歴

オーストラリア人であるロバート・プライアーは、1974年から17年間を公共サービス部門で、それ以降を自らの会社でアセスメント、カウンセリング、キャリア発達、職業リハビリテーション、組織開発などに取り組んできました。シドニー大学、マカリー大学、ニューサウスウェールズ大学で特任研究者としての教育経験もあります。

同じくオーストラリア人であるジム・ブライトは、オーストラリア国立カトリック大学の教授で、組織心理学者です。イギリスのダービー大学の客員教授でもあるそうです。イギリスのノッティンガム大学で博士号を取得しています。

キャリア・カオス理論

プライアーとブライトは、気象学者エドワード・ローレンツが発見した数理

モデルである「カオス理論」をキャリア行動に応用し、キャリア・カオス理論を構築します。生命や知能、社会など「生きている」システムは相互に影響し合う、因果説では説明できない結果をもたらすことがあります。「カオス」とは、規則に従って発生にしたにもかかわらず、不規則に見える振る舞いをする現象のことを言います。

キャリア・カオス理論の特徴としては、

①予測：キャリア発達は親・社会・環境・性別・年齢・政治経済・興味・能力・地域など予測不可能かつ変化する種々の出来事の影響を受けるので、クライエントが直面してきた複雑さや変化やチャンス（偶然）などを、メタファーなどを活用して掘り起こす
②複雑さ：キャリアは種々多様な影響を受けるので、クライエントにこれまでの影響を意識させる
③創発性：複雑さに潜む行動パターンを出現・確認させるに当たって、語り・類似・メタファーなどを用いることで、ライフ・ストーリーの展開を理解できるようにする
④非線形性：未来とは本質的には個人が次に発する考え・言葉・行動によるため、キャリアに変化をもたらす介入はたった一言でも起こる
⑤非予測性：クライエントに偶然の出来事を活用したり、積極的不確実性を受け入れたりした過去の経験を語ってもらうことで、キャリア決断や歩みを合理的に説明しなくてはならないという思い込みから解放する
⑥アトラクタ：不規則だが自己相似形の構造を持つストレンジアトラクタは時間の経過とともにある種のパターンが浮かび上がってくる。ミクロレベルでは予測不可能な自分のキャリアであってもマクロレベルで未来の可能性につながっていると認識することで、変化や不確実性に対処する方法を見出すことができるようになる、さらに自分特有のパターンやテーマ・そこに働く様々な影響に気づき、その影響にささやかな変化をもたらせば、キャリアは大きな変化につながる

カオスカウンセリングのプロセス

- どのような助けが求められているか
- 期待はどのようなものであるか
- いま本当に重要なものを算定し、仕事をそこにどうフィットさせるか
- 可能性に心をオープンにし続ける
- いくつかの可能性を生成し、試す
- 生成された可能性のうちのいくつかは落ちることを予期する
- 失敗を生存可能にする
- 何が機能していて、何が機能していないかを学ぶためのフィードバックを探し、試す
- 機能しているものを利用し、出現したものを試す
- キャリア見込みを改善できるよう、結合もしくは追加を行う
- 最初からのプロセスを繰り返す

と解説しています。

　具体的にはマインドマップ、現実チェックリスト、原型的なナラティブ、カードソート、キャリア教育モデル、寓話などの技法のほか有料のテストも用いているようです。以下のサイトは登録は無料ですが、テストは有料なのでご注意ください（http://www.jimbright.com/tests/）。

▶デザイン思考のキャリアデザイン

KEYWORD　デザイン思考、健康・仕事・遊び・愛、仕事観と人生観の一致

Bill Burnett & Dave Evans

バーネットとエヴァンズ

POINT

- 健康・仕事・遊び・愛の４つの観点から人生を設計
- 問題発見＋問題解決＝理想のライフデザイン
- 好奇心、行動主義、視点の転換、認識の転換、過激なコラボレーション

略歴

ビル・バーネットはスタンフォード大学デザイン・プログラムのエグゼクティブ・ディレクターであり、ライフデザイン・ラボの共同創設者です。スタンフォード大学でプロダクトデザインの学士号・修士号を取得しています。パソコンやフィギュアのデザインで賞を受けたこともあるそうです。

デイヴ・エヴァンズはスタンフォード大学デザイン・プログラム講師であり、ライフデザイン・ラボの共同創設者です。スタンフォード大学で機械工学の学士号・修士号を取得しています。アップル社でのマウス開発の経験やゲーム会社の副社長の経験などがあります。

デザイン思考のキャリア理論

バーネットとエヴァンズは、健康・仕事・遊び・愛の４つの観点から人生

を設計すべきとします。デザイン思考では問題解決と同じくらい問題発見を重視し、問題発見＋問題解決＝理想のライフデザインと考えます。対処不可能な問題は諦めて受け入れ、対処困難な問題は他の可能性へ視点を変えよ、とします。人生設計（ライフデザイン）においては、

①興味を持つ（好奇心）
②やってみる（行動主義）
③問題を別の視点でとらえなおす（視点の転換）
④人生はプロセスだと理解する（認識）
⑤助けを借りる（過激なコラボレーション）

というマインドセットが重要と言い、キャリア選択に当たっては

1. 仕事観と人生観を書き出し、一致させ（行動記録（グッドタイム日誌）をつけ、そこから人生の目的（コンパス）を探す）
2. マインドマップを描いて新たなキャリアへの気づきを得る
3. 3通りの冒険プランを立てる
4. ライフデザイン・インタビューや実体験を行うことで選択肢を生み出し、次に選択しやすいよう選択肢を絞り込んで、判断力を総動員して選択し、選択したら迷いを断ち切って前に進むべし

とします。

また人生は永遠にプレイし続けるためにルールをいじっていく無限ゲームであり、一時の結果（成功）で判断するのではなく常にプロセスの途中である（将来に向けて変化する）と考えるべきとします。サポーターやメンターを含めチームやコミュニティを作ることも推奨しています。

著書によれば、今や100を超える大学がライフデザイン講座をもとにしたプログラムを提供しているのだそうです。

▶雇用安定はむしろ障害としてバウンダリーレス・キャリアを提唱

KEYWORD　バウンダリーレス・キャリア、企業横断的キャリア形成

Michael B. Arthur

マイケル・B・アーサー

POINT

- **バウンダリーレス・キャリアの提唱者**
- **ホールらと編集した『キャリア理論ハンドブック』でも知られる**
- **キャリア・マネジメント、インテリジェント・キャリアの第一人者としても知られる**

略歴

アーサーはイギリスのクランフィールド大学で修士号と博士号を取得したボストンのサフォーク大学の教員で、イギリスのクランフィールド経営大学院の客員教授でもあります。

バウンダリーレス・キャリア

アーサーらはグローバル化や過去と比較してダイナミックなテクノロジーの変化により、現代は柔軟で不確かな経済状況となっており、労働者も為政者も混乱していると言います。雇用安定は障害となっており、バウンダリーレス・キャリアを１つの新しい概念だと紹介します。

バウンダリーレス・キャリアとはアーサーらによって提唱された概念で、職

務、組織、仕事と家庭、国家、産業などの境界を超えて展開するキャリアを意味します。伝統的な組織内キャリア（organizational career）と対置される概念で、典型例としてシリコンバレーの技術者が企業横断的に移動しながらキャリアを形成するケース等が紹介されています。

コミュニティカレッジやスポーツクラブなど企業組織の枠を超えて形成される外部のネットワークが活用され、企業の外に関心が向くことが重要となる、とされています。

ただしこの理論は、弱い紐帯（weak ties）が就職活動に有効だとされるアメリカあるいは欧米における理論であり、日本でそのまま活用するのには課題があるのではないかと個人的には考えています。

他方、近年は日本でも副業（複業）の解禁などの状況もあり、今後は注目される分野だと考えています。

▶「キャリア」という用語を批判、あえて「ワーキング心理学」と呼称

KEYWORD　ワーキング心理学、ウェル・ビーイング、仕事の二項モデル

David L. Blustein（1953～）

デイビッド・L・ブルステイン

POINT

- **ワーキング心理学を提唱**
- **働く人、働こうとする人すべてに「尊厳ある仕事」が与えられるべき**
- **これまでのキャリア理論はフェミニズムやジェンダー、障がい者労働など働くことについての現代的な課題にうまく応えられていないとする**

略歴

ブルステインはニューヨーク大学で学士号を、クイーンズ大学で修士号を、コロンビア大学で博士号を取得し、アルバニー大学に勤務したのち、ボストン大学でカウンセリング心理学の教育と研究を行っています。その興味は幅広く、キャリアのほかにも健康、貧困、ジェンダー、社会的・情緒的発達、社会抑圧的人種差別、STEM 教育・学習などにも及びます。

ワーキング心理学

ブルステインらは、世界中で起きている仕事の変化はそれを支援するプロフェッショナルにも課題を突きつけているとし、グローバル化・多様化・情報化の時代の中で働く人、働こうとする人すべてに「尊厳ある仕事」が与えられ

ることを求めています。

ワーキング心理学は、これまでのキャリア理論はフェミニズムやジェンダー、障がい者労働などが働くことについての現代的な課題にうまく応えられていないという批判の視点に立ち、仕事やアイデンティティ、キャリア上の成功等について再定義を試みています。

スーパー以降、vocation という用語を career と置き換えたものを、ブルスティンはあらためて career だけでなく working を考えていこうと提案しているのです。

日本でも、2014 年刊行の書籍が 2018 年に翻訳出版されています（『キャリアを超えて ワーキング心理学 —— 働くことへの心理学的アプローチ』白桃書房）。

ブルスティンは 2018 年に NCDA のエミネントアワードを受賞しています。

C O L U M N

質的キャリアアセスメントの隆盛

下村（2013）は、最近のキャリア・ガイダンス論の問題関心は人と職業のマッチングをいかに支援するかよりも人がキャリアを作り上げることを支援する方向に変わってきているとし、変化が激しいキャリア環境下においては客観的テストで適職や適性の診断を下すよりも、本人の主観的なストーリーを引き出して自分なりのキャリアを作り上げていけるように協力するアプローチが望ましいとして、「量的アセスメント（※筆者注：職業適性検査など）から質的アセスメントへの転換」が起こっているとしています。

質的キャリアアセスメントの種類としては、具体的には

- サビカスやコクランなどが行っているように、初期記憶やよく見たテレビや雑誌など人生観・仕事観に影響を与えそうなテーマについて質問するもの
- コクランでも用いられているライフラインやTree of Lifeなど、これまでの人生を記述・描写させた上で、具体的に「理想の未来」や「未来への資源」を考えさせるもの
- 成功体験のリスト化や好きだった仕事・勉強・余暇のリスト化、アイデアルデイ（典型的な1日）、ライフロールの図示など、自分は何を成功と考えるか（楽しいと思うか）を明らかにしたり現在それぞれのライフロールにかけているエネルギーを見える化するもの
- ロールモデルやキャリア・ジェノグラム（家系図）、時代・地域・経済・教育背景、家族との相同相違など、周囲や環境からの影響を考えさせるもの
- 職業カードソートなど提示された刺激から興味のあるもの・マッチしていると思うものを選ばせるもの
- 「未来の1日」「授賞式」「私の墓標」など、具体的に理想の未来を考えさせ

る誘導イメージ法

などが挙げられます。

オズボーンとズンカー（Osborn & Zunker, 2012）は、こうしたツールは（アメリカでは）ここ数十年間キャリアカウンセラーの介入方法の一部となっており、標準化されたツールでは近づきがたい、キャリア決定に影響を与えるイシューについての会話を開くことができ、クライエントの興味や関心を「自分のこと」とすることができると述べています。

自分が発した自分の言葉を用いることで、自分自身を客観的に分析することができるため、「客観的なテスト」よりも納得感が高いとされています。

Tree of Lifeの構成例

C O L U M N

VocationからCareerへの用語の変化

パーソンズは著書に「職業の選択（Choosing a Vocation）」という題名を与えています。職業指導（vocational guidance）運動は若者たちに対する職業選択の相談、援助活動として始まり、やがて学校教育の場に広がっていきます。

職業指導運動当時は単に一時点での vocation の選択支援だったものが、やがて生涯にわたって仕事に関連する知識やスキルや態度を継続して学ぶ「キャリア発達」という概念に変化し、vocation から career へ、vocational choice から vocational development さらには career development へと単語が変化していきます。すなわち職業指導から進路指導・キャリアガイダンスへ、職業相談から進路相談さらにはキャリアカウンセリングあるいはキャリア教育へ、という変化です。

スーパーやサビカスはちょうどこうした時代の変化の時期にいたわけです。そしてキャリア発達からキャリア成熟、キャリアアダプタビリティへと概念も進化していくわけです。

一方、ブルステインは「キャリア」という用語を使わず、「ワーキング」心理学を提唱しています。これからの用語はどうなっていくのでしょう。

第2部

キャリア理論に影響を与えた理論家（1）

精神衛生運動・精神分析

カウンセリングの３つの源流のうちのもう１つが精神衛生運動・精神分析です。精神分析の技法が直接的にキャリアカウンセリングに影響しているとは言えませんが、小さい頃の経験や人間関係が青年期・成人期になっても影響を残し、本人の行動や選択の基準となるという考え方は現在のキャリア理論・技法にも大いに影響を与えています。

▶精神衛生運動を提唱

KEYWORD　精神衛生運動、精神病院、患者の解放

Clifford Whittingham Beers（1876～1943）

クリフォード・W・ビアーズ

POINT

- **アメリカの精神衛生運動家**
- **自身の精神病院への入院経験から市民運動として精神衛生運動を展開**
- **アメリカ精神医学会会長を務めたアドルフ・マイヤー等に影響を与える**

略歴

ビアーズは1876年にコネチカット州に生まれ、イェール大学を卒業した後、保険会社就職後3年目にうつ病にかかります（イェール大学在学中にお兄さんを脳腫瘍で亡くし、自分も発病するのではないかと不安に襲われていたことが原因のようです）。1900年自殺を企てて精神病院に入院し、以降数か所の精神病院を転院する中で、病院側から暴行・脅迫・監禁等の扱いを受けたことをきっかけに退院後に手記を書き始め、病院の現実を社会に訴えようと精神衛生運動を始めます。この手記は1908年に『わが魂にあうまで』として出版され、何度も版を重ねました。のちビアーズはコネチカット州精神衛生協会を設立し、会長に就任します。後述のアドルフ・マイヤーや心理学の祖であるウィリアム・ジェームズ、スタンレー・ホールらもビアーズの精神衛生運動を援助したとされます。

アメリカの精神衛生運動から世界の精神衛生運動へ

のち 1928 年には全米精神衛生財団が設立され、1930 年には第 1 回精神衛生会議が開催されるなど、やがて精神衛生運動は世界的な規模に広がっていきます。

1948 年には、世界精神衛生連盟（WFMH）がイギリスのロンドンで発足しました。

アドルフ・マイヤー（1866 ～ 1950）

20 世紀前半にアメリカ精神医学の基礎を築いた精神科医で、まだ誕生から間もない医学分野だった精神医学を切り拓いた人物です。1908 年にジョンズ・ホプキンス病院が、精神医学の全米初の大学附属クリニックを設立するために多額の寄付を受けたとき、この計画の責任者に選ばれ、1913 年の開設から 1941 年まで主任精神科医として在籍しました。マイヤーの業績は Lamb（2014; 小野（訳）2021）に詳しく説明されています。

ウィリアム・ジェームズ（1842 ～ 1910）

アメリカ心理学会の会長も務めたアメリカの哲学者、心理学者。もともとハーバード大学で化学、比較解剖学、生理学を学び、のち医学も学び、さらに実験生理学の研究のために渡独もしています。1872 年からハーバード大学の生理学の講師、助教授を務め、1880 年には哲学の助教授、1885 年には哲学の教授となり、心理学の研究に没頭します。ジェームズは心理学を自然科学としてとらえようとしていたと言います。

G・スタンレー・ホール（1844 ～ 1924）

1868 年～ 71 年、哲学と生理学の研究のため渡欧したのち、ハーバード大学のジェームズのもとで学位を得ています。その後ヴントの研究室に入り、のちにアメリカ心理学会会長になり、心理学関係の雑誌の発刊に力を入れていきます。フロイト、ユングをアメリカに招いたのもホールだと言われています。

▶精神分析の開祖

KEYWORD　無意識、精神分析、リビドーの対象部位

Sigmund Freud（1856 ～ 1939）

ジークムント・フロイト

POINT

- **無意識を発見した、精神分析の創始者**
- **エディプス・コンプレックス、幼児性欲理論（リビドー論）**
- **心理性的発達理論（口唇期、肛門期、男根期、潜伏期、性器期という成長段階）**

略歴

フロイトは 1856 年、オーストリア帝国モラヴィア辺境伯国のフライベルクにユダヤ人の子として生まれます。家族はフロイトが 3 歳の時にウィーンへ転居、その後 17 歳でウィーン大学に入学し、やがて医学部に入り 25 歳で卒業します。1885 年、29 歳の時に奨学金を得てパリに行き、ヒステリー研究で有名だったシャルコーのもとで催眠によるヒステリー治療法を学び、1886 年 30 歳の時にウィーンに帰り、一般開業医として催眠によるヒステリー治療をブロイエルとともに開始します。ユダヤ人であるために大学教員になれず一般開業医を続け、ナチス支配下でもしばらくウィーンにとどまりましたが、1938 年にロンドンに移り、1939 年に 83 歳で亡くなりました。弟子もユダヤ人が多かったとされています。

フロイトの理論

催眠によるヒステリー治療から発展させて、フロイトは催眠にかからない人にも使えるように自由連想法を取り入れていきます。例えばコップから水を飲めないという症状を持つ女性について、「嫌いな夫人が犬にコップで水を与えているのを見た」と語ったことで症状が消失したという事例が紹介されていますが、このように無意識に封印されて身体化した症状を言語化して消失させるという技法が目指されたのです。

その後、1896 年に父が亡くなったことを契機に、友人フリースに分析者となってもらい自己分析と夢分析をする中で、母に対する性愛と父に対する敵意と罪悪感を見いだし、エディプス・コンプレックス論へと結びつくことになります。その前の 1895 年には、ヒステリーの原因は幼少期に受けた性的虐待の結果であるという理論を発表しています。

批判・弟子の離反

フロイトには、1907 年から心理学水曜会（1908 年からウィーン精神分析協会）に参加し、1910 年の国際精神分析学会創立時に初代会長に就任させたユングなどの弟子や、1902 年から心理学水曜会に招聘した（1910 年にはウィーン精神分析協会の議長になっています）アドラーなどの共同研究者がいましたが、意見の対立もあり数年で離反されてしまいます。

ユングとは無意識の範囲などの見解の相違が、アドラーとは人の力動は幼児性欲なのか劣等感なのかという点で、意見の対立がありました。そうでなくてもフロイトの幼児性欲論など性に重きを置いた理論は議論になりやすく、周囲からの反発も大きかったようです。フロイトはヒステリーの原因を性の問題に求めようとしたことから、ブロイエルとも意見が一致せず、別れています。

フロイトの影響

フロイトの影響はその後の心理療法・カウンセリングのみならず、文学作品や芸術作品にも見られます。無意識の発見はシュルレアリスム運動に結びつき、世界的に大きな波となりました。

フロイトの貢献として特に大きなものに無意識の発見があり（一方で無意識の存在が科学的に証明できないとういう批判もあります）、それまで理性的とされた人間の中には、理性では解決できないものあるいは理性で押さえつけられてわだかまっているものがあり、自由連想や夢分析、語りによって症状が消失する場合があるという発見です。

キャリアカウンセリング理論においても、近年のナラティブアプローチでは尊敬した人や好きなテレビ番組を語ってもらうことでクライエントの潜在的な好みや理想（あるいは主観的な目標や理想と言ったほうがわかりやすいでしょうか）を把握しようとするなど、クライエントの言語化されていない目標や理想を言語化するのに精神分析的な技法を用いています。ただし近年のキャリアカウンセリングのナラティブアプローチでは、当時の精神分析が「カウンセラーが分析する」に対し「クライエントが（カウンセラーとともに）自己分析する」という点に違いがあります。

フロイト以降

クラインは性格が系統的に組織されるのはエディプス期でなくその前の母子二者関係だとし、対象関係論の基礎を築きます。理論はその後、フェアバーンやウィニコットに影響を与えます。一方、フロイトと共にイギリスに亡命した末娘アンナ・フロイトは、クラインと児童精神分析の解釈をめぐり対立を深めます。アンナ・フロイトはエリク・エリクソンやハルトマン、のちに自己心理学を提唱するコフートなどに影響を与えます。

アメリカ移住・在住の精神分析学者（ホーナイ、フロム、フロム＝ライヒマン、サリヴァンら）は新フロイト派と呼ばれ、精神分析の考えを社会学的・文明論的に展開します。フロムは束縛から解放された現代人は自由になったが、虚無感と孤独感がつきまとい、再び拘束を求めると指摘します。

フランスではジャック・ラカンのパリ・フロイト派などが現れます。

▶フロイトから離れ、集合的無意識、元型論へ

KEYWORD　ユング心理学、集合的無意識、元型

Carl Gustav Jung（1875 ～ 1961）

カール・G・ユング

POINT

- 個人的無意識と、個人を超えた普遍的（集合的）無意識を想定
- 集合的無意識にはすべての人に共通する基本的型が存在するとし、元型の概念を提唱
- フロイトと協働して精神分析の発展に寄与するが、根本的な考えの違いから決裂

略歴

ユングは 1875 年にスイスに牧師の父親の下に生まれ、バーゼル大学医学部を卒業した後、チューリヒ大学のブルクヘルツリ精神科病院でブロイラーの指導を受けて統合失調症の治療に取り組みます。フランスへの留学後、言語連想法の実験による研究で無意識の存在を認識し、コンプレックス（心的複合）の概念に到達したと言います。『夢分析』を読んだユングは、著者であるフロイトを訪ね、その後フロイトと協働して精神分析の発展に寄与しますが（1911 年には国際精神分析協会の初代会長になっています）、根本的な考えの違いから決裂したと言います。ユングは分析的心理学を提唱し、無意識は意識を創造する母体であり、個体発生的な個人的内容とともに系統発生的な集合的内容（民族

的無意識）とを含んでいるとしました。

ユングの理論

ユングは、無意識の生み出すイメージは個人の正常な精神活動を破壊する力と、個人の存在そのものの本来の意味を見いだしていく建設的で創造的な働きがあるとしました。個人が夢の働きなどを通して無意識的イメージに直面しつつ、自己を再統合していく過程を「個性化の過程」と呼びました。すなわち心理療法の目的は、個人の自己統合の過程を支援することだ、としたのです。

ユングの弟子としては、のちにローエンフェルド（M. Lowenfeld）に師事して世界技法を学び、ユングの分析心理学を基盤とした箱庭療法を発展させたカルフ（Dora M. Kalff, 1904 ～ 1990）などがいます。

なお、分析家自身が分析を受けなければならないと、スーパービジョンの重要性を初めて主張したのはユングだとされています。

またユングは 40 歳を人生の正午、それ以降を人生の午後と呼び、中年期以降に自己を見つめ直し、新たな自己への転換を目指すべきことを提起しています。

▶心理社会的発達理論、アイデンティティ概念の提唱

KEYWORD 心理社会的発達段階説、基本的信頼対不信、同一性対同一性の拡散

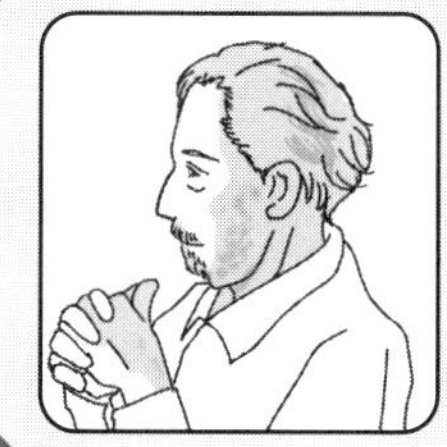

Erik Homburger Erikson（1902 ～ 1994）

エリク・H・エリクソン

POINT

- 心理社会的発達段階説の生みの親
- アンナ・フロイトの教育分析を受け、ウィーン精神分析所の資格を取得
- 自己同一性、基本的信頼などの概念形成

略歴

エリクソンは1902年にドイツ・フランクフルトに生まれます。母親はユダヤ系デンマーク人で父親は定かではありません（母親は1905年に別の男性と結婚します。エリクソン初期の論文では継父の姓「ホンブルガー」が用いられています）。エリクソンは北欧系の風貌からユダヤ系社会で差別を受け、ドイツ人コミュニティからはユダヤ人であるとして差別を受けたと言います。ギムナジウム卒業後は芸術学院に進学するも卒業はせず、画家を目指して各地を放浪し、やがてアンナ・フロイトがウィーンに設立した実験学校で教師となり、その経過の中でアンナ・フロイトの弟子となり教育分析を受け、その後ウィーン精神分析研究所の分析家の資格を取得します。ドイツでナチスが政権を掌握したことからウィーンからコペンハーゲンへ、そしてアメリカへと渡ります。のちにイェール大学、カリフォルニア大学、ハーバード大学の教員を歴任していきます。

エリクソンの心理社会的発達段階説

エリクソンは自我の発達を下のような8つの段階に区分しました。

こうした発達段階説は、キャリア分野においてもギンズバーグやスーパーなどに影響を与えていくことになります。

エリクソンの心理社会的発達段階

年齢	時期	心理的課題
0～1歳	乳児期	基本的信頼　対　不信
1～3歳	幼児前期	自律性　対　恥、疑惑
3～6歳	幼児後期	積極性　対　罪悪感
6～14歳	学童期	勤勉性　対　劣等感
14～20歳	青年期	同一性　対　同一性の拡散
20～35歳	成人期	親密性　対　孤独
35～65歳	壮年期	生殖　対　自己吸収
65歳～	老年期	自己統合　対　絶望

▶エリクソンの自我同一性地位を発展的に研究

KEYWORD　自我同一性地位、モラトリアム、危機と傾倒（積極的関与）

James E. Marcia（1937～）

ジェームズ・E・マーシャ

POINT

- **エリクソンの自我同一性課題を発展的に研究**
- **自我同一性課題への対処の仕方を考えるに当たり、危機があったか否か、傾倒（積極的関与：commitment）の程度がどの程度であったの２軸で検討**
- **自我同一性地位を同一性達成、モラトリアム、早期完了、同一性拡散に分類**

略歴

マーシャはオハイオ州に生まれ、ウィットンバーグ大学で心理学の学士号を、臨床心理学の修士号と博士号をオハイオ州立大学で取得します。のちバッファロー大学で教鞭を執り、サイモンブレイザー大学で引退まで教えています。

マーシャの理論

マーシャはエリクソンの自我同一性対同一性拡散の概念の発展的研究を行います。それまでの研究が自我同一性の達成の程度を「達成したか否か」の一次元的に取り扱っていたのに対し、自我同一性という課題への対処に「危機（crisis）があったか否か」「傾倒（積極的関与：commitment）はどの程度であったか」で自我同一性地位（Ego Identity Status）を４つに分類したのです。そしてそれを決定するための半構造的な面接を考案しています。これは青年期に重要な①職業、②宗教、③政治の各々の領域で自我同一性地位を評定し、３つの領域の合計として全体的同一性地位を評定するものです。

日本では慶應大学の小此木啓吾先生が大学を留年し続ける青年を「モラトリアム（人間）」という用語を用いて説明し、著書をヒットさせたことが知られています。

自我同一性地位

自我同一性地位	危機	傾倒（積極的関与）	概略
同一性達成（Identity Achivement）	経験した	している	幼児期からのあり方について確信がなくなり、いくつかの可能性について本気で考えた末、自分自身の解決に達して、それに基づいて行動している。
モラトリアム（Moratorium）	その最中	しようとしている	いくつかの選択肢について迷っているところで、その不確かさを克服しようと一生懸命努力している。
早期完了（Foreclosure）	経験していない	している	自分の目標と親の目標の間に不協和がない。どんな体験も、幼児期以来の信念を補強するだけになっている。硬さ（融通の利かなさ）が特徴的。
同一性拡散（Identity Diffusion）	経験していない	していない	危機前（pre-crisis）：今まで本当に何者かであった経験がないので、何者かである自分を想像することが不可能。
	経験した	していない	危機後（post-crisis）：すべてのことが可能だし、可能なままにしておかなければならない。

▶個人心理学を打ち立て、サビカスに影響

KEYWORD アドラー心理学、劣等感、共同体感覚

Alfred Adler（1870～1937）

アルフレッド・アドラー

POINT

- 人生の悩みはすべて人間関係でできている
- 人生の課題は仕事・交友・愛
- 劣等感、共同体感覚

略歴

アドラーは1870年にウィーン郊外にハンガリー系ユダヤ人の父とチェコスロバキア系ユダヤ人の母との間に生まれます。アドラーは6人兄弟の次男でした。幼い頃に声帯のけいれんとくる病に苦しみ、4歳頃に肺炎で死にかけたことが医師を志す動機となったと言います。1888年にウィーン大学医学部に入学、1895年に卒業して医師としてウィーンで診療所を始めます。1902年にフロイトから招かれて研究グループに参加し、1907年には『器官劣等性の研究』を出版、1910年にはウィーン精神分析協会の議長に就任します。この頃からフロイトと意見を異にすることが多くなり、1911年に自由精神分析協会（1913年から個人心理学会）を設立してフロイトと袂を分かちます。また第一次世界大戦後の1922年には児童相談所を設立し、1924年にはウィーン教育研究所治療教育部門の教授に就任しています。その後、1年の半分をヨーロッパ

とアメリカでそれぞれ過ごすようになりますが、1935 年には一家でアメリカに移住しています。

アドラーの理論（劣等感・優越追究）

　アドラーは自らの幼少期の体験と、最初に診療所を作ったときの患者たち（身体的な弱点を克服して、むしろそれを強みにしたり活かしたりして遊園地での仕事を得ていた）の様子から、器官劣等性がある人は身体的な弱点を努力によって補償あるいは過補償を行うという理論を発展させました。のち身体的機能の劣等性だけでなく、主観的な劣等感を補償する場合にも当てはまることに気づき、理論を一般化させていきます。優越感を求めるために誤った方向に進んだ人をどう支援するかが重要な視点と考えるようになりました。

共同体感覚

　アドラーは「人は他者に関心を持たなければ幸せになれない」と言います。幸せとは感じるものであり、共有するものだと言います。共同体感覚とは社会への関心とも言い換えられ、所属（自分の居場所がある）・貢献（周りの人の役に立てる）・自己受容（ありのままの自分でいられる）・信頼（周りに任せられる）の 4 つの感覚からなるとします。

影響

　日本でも最近人気のアドラーですが、アメリカではかなり以前から人気があるようで、サビカスやガイスバーズなどもアドラーからの影響を公言しています。

▶『夜と霧』の著者、ウィーン第三学派

KEYWORD 実存分析（ロゴセラピー）、収容所体験

Viktor Emil Frankl（1905 ～ 1997）

ヴィクトール・E・フランクル

POINT

- **独自の実存分析（ロゴセラピー）を行い、ウィーン第三学派と呼ばれる**
- **収容所体験で、自らの思想を身体を通して行動で体現**
- **戦後は物質主義とニヒリズム（実存的空虚感）と闘う**

略歴

ユダヤ人であるフランクルは 1905 年にオーストリア・ハンガリー帝国時代のウィーンで生まれ、ウィーン大学で医学、特に抑うつや自殺に焦点を当てて神経学と精神医学を学んでいます。10 代の頃からフロイトと交流があったと言います。やがてフロイト派や精神分析に疑問を持つようになり、アドラー派の集まりに参加するようになったと言いますが、そこも脱退し、独自の理論に至ることになります。フランクルは「そもそもわれわれが人生の意味を問うべきなのではなく、われわれ自身が人生から問われているのである」と言います。

収容所から出た後はウィーン総合病院の神経科長となり、自宅でも実践を行っていたと言います。1948 年にはウィーン大学で哲学博士を取得し、1960 年代以降はハーバード大学、サザンメソジスト大学、デュケイン大学などのア

メリカの大学でも教えています。

戦後は生涯をかけて、台頭する物質主義とニヒリズム（実存的空虚感）に対する闘いを貫いたと言われます。フランクルは世界中の死刑囚に「あなたは、死刑執行の直前になっても人生に対する態度を変えることができる。そしてその瞬間、あなたの人生全体は意味あるものに変わるのだ」と説いたと言います。

収容所体験

1942年、結婚して9か月後にフランクルと家族はテレージエンシュタット収容所に送られます（父親はこの収容所で亡くなっています）。1944年には家族は悪名高きアウシュビッツ収容所に送られ（母親と兄弟はここでガス室に送られています）、奥さんはベルゲンベルゼン収容所でチフスにより亡くなったと言います。フランクル自身は、この3年間を合計4つの収容所で過ごしたと言います。

執筆活動

著名な代表作として収容所体験を描いた『夜と霧』がありますが、他にも著作が多く（『意味への意志』『死と愛』『識られざる神』など）、日本語訳も多くなされて版を重ねています。

▶精神分析理論を踏まえた早期決定論

KEYWORD　早期決定論、親の養育態度、精神分析

Ann Roe（1904 ～ 1991）

アン・ロー

POINT

- **幼児期の家庭環境や親の養育態度が人格の形成を規定する**
- **幼少期の人格形成が将来の職業選択を方向づける**
- **家庭の雰囲気、親の子どもに対する態度、子どもによる親の態度の認知の 3 要因により子どもの志向性が決まる**

略歴

ローは 1904 年にコロラド州に生まれ、デンバー大学で 1923 年に学士号、1925 年に修士号を、コロラド大学で 1933 年に博士号を取得します。5 年後に古生物学者ジョージ・ゲイロード・シンプソンと結婚し、4 人の娘の継母となります。ハーバード大学で助教、続いて教授となります。

ローの理論

ローは幼児期における家庭の雰囲気（暖かい、冷たい）、親の子どもに対する態度（関心、回避、受容）、子どもによる親の態度の認知の仕方（過保護、要求過剰、拒否、放任、なにげない、愛情）の 3 要因で、子どもの志向性（対人志向か非対人志向か、自己防衛的か自己防衛的でないか）が決まり、それによってそ

の後に選択される職業領域が決めるとし、環状モデル（Circular Model）を示しました（下図は筆者が環状モデルを表形式に改編したものです）。

エリクソンやローあるいはアドラーの考え方は、やがて主観や環境との相互作用を重視する新しいキャリア理論にも影響を与えていきます。

環状モデル

家庭の雰囲気	親の子どもに対する態度	子どもによる親の態度の認知	子どもの志向性	職業領域
暖	関心	過保護	対人志向	芸術・芸能
暖	受容	愛情	対人志向（自己防衛的でない）	サービス
暖	受容	なにげない	非対人志向（自己防衛的でない）	工業技術、戸外
冷	回避	放任	非対人志向	
冷	回避	拒否	非対人志向（自己防衛的）	科学
冷	関心	要求過剰	対人志向（自己防衛的）	一般文化的

▶愛着理論の提唱、愛着は健全な発達であるとした

KEYWORD　愛着理論、乳幼児研究、母性剥奪

Edward John Mostyn Bowlby（1907 ～ 1990）

ジョン・M・ボウルビィ

POINT

・愛着理論のパイオニア
・マターナル・デプライベーション（母性剥奪）による愛着形成の困難
・愛着関係がその後の人格形成に影響する

略歴

ボウルビィは1907年にイギリスのロンドンで生まれ、ケンブリッジ大学で学び医師資格を取得します。のちに精神分析への関心を深め、クラインやアンナ・フロイトの影響を受けます。ただし、精神分析が子どもの母親への愛着は子どもの一時的欲求（空腹や渇き）に基づくとしたものを、ボウルビィは親が提供する安心や安全が愛着を形成すると考えました。

1946年からはロンドンのタビストック病院と関連機関のタビストック人間関係研究所に所属し、クリニックの副所長、児童・両親部長、研究所運営委員などとして活躍します。

WHOの依頼で行った、当時「施設病」と呼ばれた施設児の研究で、乳幼児の発達的問題の多くが、母親ないしその役割を果たす人物による親身かつ持続的な養育関係が失われることによって生じることを明らかにし、そうした関係

の喪失をマターナル・デプライベーション（母性剥奪）と名づけました。

愛着理論

ボウルビィは、乳幼児が養育者に情緒的結びつきを求める行動を従来の精神分析のように依存や退行とはとらえず、鳥の刷り込みで有名なローレンツやアカゲザルの幼児に対する代理母実験で知られるハーロウなどの比較行動学による研究成果も参照しながら、生物学的に規定された健全な発達であるとして「愛着」と名づけました。

養育者との安定的な愛着関係は、乳幼児が危険を感じた時にはいつでも逃げ込める安全基地として機能し、外の世界への積極的探索行動を促進する、としました。逆に愛着関係が不安定であれば、そのような行動が抑制される傾向にある、としました。またこの愛着関係が内的作業モデルとして内化され、人格の発達に影響するとも述べています。

個と個の間の情動的に安全な絆は、短期的には基本的な生存価値を、長期的には種の生殖の成功をもたらすと考えたのです。

▶フロイト的精神分析の観点から職業選択を検討

KEYWORD 職業選択、抑圧、無意識的決定要因

Edward S. Bordin（1913 〜 1992）

エドワード・S・ボーディン

POINT

- 職業選択は、抑圧された意識や衝動が社会的に承認されている職業を選択させる「昇華」である
- 欲求パターンは 6 歳頃までに決定し、青年期以降の職業選択行動の無意識的な決定要因になると仮定
- 「養育的」「口唇攻撃的」「操作的」「感覚的」「肛門的」「性器的」「探求的」「尿道的」「露出的」「律動的」の 10 次元

略歴

ボーディンは 1913 年にユダヤ系ロシア移民の両親の下、ペンシルバニア州に 3 人兄弟の末っ子として生まれます。ボーディンは父のことを内省的で分析的、母のことを感情的と見なしていました。両親の影響と出生順位から、ボーディンは自らのことを「質問的態度と分析的・反抗的性格を持つアウトサイダー」と描写しています。またボーディンはテンプル大学で学位と修士号を、オハイオ州立大学で 1942 年に博士号を取得しています（この時期に教授をしていたロジャーズと数年の重なりがあるようです）。陸軍勤務 3 年の後、ミネソタ大学、ワシントン州立大学で勤務し、1948 年にミシガン大学に心理学助教授お

よび心理サービス局カウンセリング部門のディレクターとして赴任して1955年に教授に昇進します。

ボーディンの理論

ボーディンは、「複雑な成人の職業活動は、単純な乳幼児の活動とまったく同質の本能的な満足の源泉が保有されている」という仮説の下、フロイト的な精神分析的考え方に基づいて個人の欲求パターンと職業選択との関係について

①養育的（乳幼児や弱者の保護）
②口唇攻撃的（言語による攻撃・論争、道具の使用）
③操作的（物の操作や人の支配）
④感覚的（視覚や聴覚などの使用による芸術活動
⑤肛門的（ものをためることや潔癖に関連する活動）
⑥性器的（建築、生産、農業）
⑦探求的（好奇心に基づく科学的研究）
⑧尿道的（排尿行為に起源を持つ消防・鉛管工事）
⑨露出的（露出行動に関連する俳優・演劇・裁判・広告）
⑩律動的（生理的リズムに起源を持つ音楽・芸術）

の10次元に分類し、こうした欲求パターンは6歳頃までに決定し、青年期以降の職業選択行動の無意識的な決定要因になると考えました。

第3部

キャリア理論に影響を与えた理論家（2）

心理測定運動・行動主義・行動療法

カウンセリングの３つの源流のうちの最後の１つが心理測定運動です。研究者の勘や感覚でなく、客観的に測定できる事実（あるいは行動）によってのみ人間を把握しようとする姿勢は、無意識というブラックボックスを想定する精神分析を否定し、一定の成果を上げます。しかしやがて行動のみならず認知や感情、あるいは認知の方向性や意味を扱うようになり、その対象を拡大していきます。

▶知能検査の生みの親、心理（教育）測定運動

KEYWORD　知能検査、精神年齢

Alfred Binet（1857 ～ 1911）

アルフレッド・ビネー

POINT

・精神遅滞児を把握し、適切な教育を受けさせるために知能検査を開発
・子どもの知的水準を量的に把握する試み
・のち世界的に心理測定運動が広がる

略歴

ビネーは 1860 年にフランス第二帝政に併合される前のサルディーニャ王国のニースに 1857 年に生まれ、パリの法律学校で 1878 年に学位を得ますが、ソルボンヌ大学で生理学を学び、精神病院であるサルペトリエール病院で 1883 年から 89 年まで研究者として働き（フロイトが催眠術を学んだシャルコーがビネーのメンターになっています）、1891 年から 94 年までソルボンヌ大学の実験心理学実験室で働いています。1894 年には実験室のディレクターとなり、実験心理学から発達心理学、教育・社会・差異心理学へと研究対象の幅を広げていきます。1904 年に発足した「異常児教育の利点を確実にするための方法を考える委員会」の委員であったビネーは、1905 年にフランス教育省の依頼を受け、精神発達遅滞児の識別のために弟子のシモンと共同でビネー・シモン知能尺度を作成し、1908 年と 1911 年に改訂版知能検査を作成、精神年齢（知

的水準）を把握するという概念を導入しました。

ビネーの影響

こうした心理測定運動の流れはアメリカにわたり開花し、1916年のスタンフォード・ビネー検査のほか集団式軍隊A式、B式検査の開発と使用をはじめ、職業指導における一般職業適性検査（GATB: General Aptitude Test Battery）、職業興味検査、パーソナリティ検査、職業価値観検査などが開発され、カウンセリングとガイダンスが一体となって測定と評価が行われるようになりました。

これらのテストはその後わが国にも導入され、鈴木ビネー式知能検査、田中A式・B式知能検査、田中ビネー知能検査など日本人向けに標準化されていくこととなります。日本の心理（教育）測定運動はアメリカからの影響が大きいような気がしますが、キャリア分野でも労働省（現厚生労働省）によるGATB（一般職業適性検査）の日本版の公表・改訂、日本労働研究機構（現労働政策研究・研修機構）によるVPI職業興味検査の日本版の公表・改訂などが行われています。

▶教育（あるいは心理）測定運動

KEYWORD　教育（あるいは心理）測定運動、客観性、猫の問題箱

Edward L. Thorndike（1874 ～ 1949）

エドワード・L・ソーンダイク

POINT

- 教育測定運動の父と呼ばれる
- 1904 年に「精神的社会的測定学序説」を出版
- 教育に客観的な測定を導入し、教育の合理性や向上を図ろうとした

略歴

ソーンダイクはメソジスト教会の牧師だった父親の下に 1874 年にマサチューセッツ州に生まれ、1895 年にウェスリヤン大学で学士号を、1897 年にハーバード大学で修士号を取得しました（2 人の兄弟も異分野の研究者になっています）。ハーバード大学では動物の学習（動物行動学）に興味を持ち、ウィリアム・ジェームズの下で学びます。ソーンダイクは後に「動物としての人」、今でいう比較心理学に興味を持つようになり、1989 年に心理測定の創始者の一人であるキャッテルの下で博士号を取得し、コロンビア大学で勤務するようになります。

ソーンダイクの研究

ソーンダイクは、中のヒモを引くと脱出できる箱に空腹の猫を入れ、外にエ

サを置くという「猫の問題箱」（ソーンダイクの問題箱とも）の実験で知られています。試行錯誤によって偶然にも脱出できることを繰り返し学ぶと、次第に脱出成功が早くなっていくという結果を導きました。こうした実験は、のちのスキナーボックスやオペラント条件付けなど、行動主義的心理学に大きな影響を与えていくことになります。

なお知能検査で有名なカウフマン（1944～）は、コロンビア大学でソーンダイクのもとで博士号を取得しています。

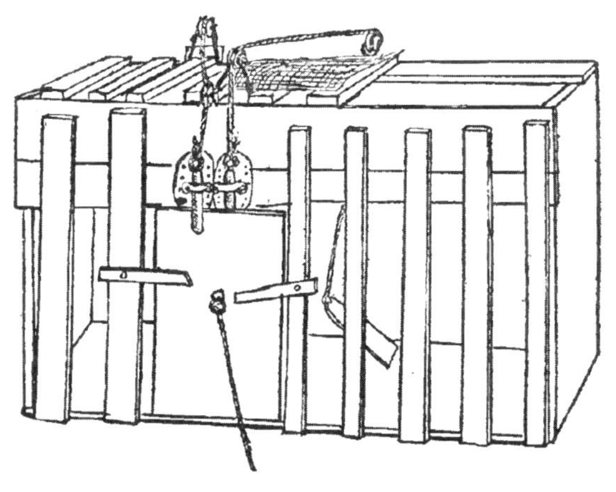

猫の問題箱（Thorndike, 1898）

ジェームズ・M・キャッテル（1860～1944）

1860年にペンシルバニア州に生まれ、ラファイエット大学を卒業後ドイツに渡り、やがてヴントの研究の助手になり、反応時間の研究に没頭します。1888年にペンシルバニア大学の教授となり、のち1891～1917年にはコロンビア大学の教授となります。

▶ノーベル賞受賞、パブロフの犬（条件反射）と言えば

KEYWORD　条件反射、古典的（レスポンデント）条件付け

Ivan Petrovich Pavlov（1849 ～ 1936）

イワン・P・パブロフ

POINT

- **犬を使った条件反射の実験で有名**
- **心理学界（行動理論）では「古典的（レスポンデント）条件付け」と呼ばれる**
- **1904 年にノーベル生理学・医学賞を受賞**

略歴

パブロフは 1849 年に帝政ロシアでモスクワ近くの農村の司祭の父親の下に生まれ、サンクトペテルブルク大学で医学を学び、のち医師の資格を取得します。1884 ～ 86 年にはドイツに留学しています。消化生理学を研究する中で、唾液を口の外に出すように手術した犬で唾液腺について研究しているうちに、犬が飼育係の足音で唾液を出すのに気づき、「条件反射」（当初は「精神分泌」と呼んでいたようです）を発見します。1904 年には消化腺の機能に関する研究でノーベル賞を受賞しています。ロシア革命中も、政治的なイデオロギーが研究に持ち込まれることを拒み続けたと言い、ソビエト連邦で引き続き研究を続けます。

彼の業績はロシアでは 1950 年頃まで高く評価されなかったそうですが、そ

れに反しアメリカでは早くから注目され、1929年ニューヘブンの第9回国際心理学会に招聘されています。

パブロフの犬

唾液を口の外に出すように手術した犬にベルを鳴らしてからエサを与えることを繰り返すと、ベルを鳴らしただけで唾液が出るようになったことが観察されています。さらにベルだけを鳴らし続けると、次第に唾液は出なくなっていくことも観察されました。

条件刺激に反射する行動が起き（条件反射）、無条件刺激に切り替えるとその行動が消去されるという事実を明らかにしました。

影響

パブロフ自体は後年まで心理学を独立した科学と認めず、自身の研究が心理学に意義があるという評価を受け入れていなかったようですが（ようやく評価を受け入れ、国際心理学会に出席したのは1929年、パブロフ80歳のときだったとか）、パブロフ自身の気持ちとは別に心理学、特に行動理論に大きな影響を与えました。条件反射は、のちに行動理論では「古典的（レスポンデント）条件付け」と呼ばれるようになります。

▶行動主義心理学の創始者

KEYWORD　行動主義、実証主義、刺激－反応結合

John Broadus Watson（1878 ～ 1958）

ジョン・B・ワトソン

POINT

- **行動主義心理学の創始者**
- **精神分析に反対し、心理学は科学的であるべきとした**
- **健康な乳児と適切な環境を与えられれば、どんな職業にでも育てられると発言したとされる**

略歴

ワトソンは1878年にサウスカロライナ州に生まれ、ファーマン大学で学士号と修士号を、シカゴ大学で博士号を取得しています。ジョンズ・ホプキンス大学で教授をしていました。1915年にはアメリカ心理学会の会長に就任しています。シカゴ大学へはデューイにひかれて行ったそうですが、心理学をエンジェルに、生理学をドナルドソンに、神経学をロイブに学んでいます。

ワトソンの主張

ワトソンは1913年に『行動主義者から見た心理学』を発表し、科学として心理学が成立するためには、客観的で外的に観察しうる行動のみを対象にすべきと主張します（行動主義宣言）。この考えはプラグマティズムの盛んな当時の

アメリカ心理学界で受け入れられ、行動主義の父と呼ばれるようになります。当時の心理学で行われていた「意識の内観」の重要性・必要性を否定し、行動は刺激とそれに対する特定の反応により説明できるとし、刺激（S）と反応（R）の結合（S-R結合）は頻度（frequency）と新近性（recency）により成立するとしました。

ワトソンの実験

元来は恐怖を感じない刺激（中性刺激）に関して、子どもに恐怖を条件づけるという研究を行っています。ネズミを怖がらずに触ろうとする幼児に対し、背後で鉄の棒をハンマーで叩いて大きな音を出して怖がらせたところ、実験後はネズミだけでなくウサギや毛皮のコートにも恐怖を抱くようになったことを報告しています。

影響

ワトソンの学説は、機械論的すぎる「刺激－反応結合」が批判され、のちに新行動主義が展開されていくきっかけになりますが、以降の学習心理学に多大な影響を与えたとされます。今はキャリア理論家と見なされているクランボルツは、1964年に行動カウンセリング（behavioral counseling）という用語を初めて用いた研究発表を行っています。

▶行動分析学の創始者

KEYWORD　行動主義心理学、オペラント条件付け、自由意志の否定

Burrhus Frederic Skinner（1904～1990）

バラス・F・スキナー

POINT

- 行動分析学の創始者。自ら徹底的行動主義と称する
- 人の行動は過去の行動結果に依存するとする「強化理論」を唱える
- オペラント条件付け／スキナーボックス

略歴

スキナーは弁護士の父親の下、ペンシルバニア州に1904年に生まれ1926年に英文学でハミルトン大学から学士号を取得し、ライターを目指します。しかし書店員をしていた時にパブロフとワトソンの研究に触れ、ハーバードで心理学の博士号を取得します。引き続きハーバードで研究を継続し、オペラント条件付けというアイデアに至ります。

古典的条件付け

パブロフは犬の唾液腺を研究している中、飼育係の足音で犬が唾液を分泌している事を発見します。そこから、遺伝的に組み込まれた反応と無関係な反応とが結びつく「条件反射（いわゆる古典的条件付け）」を明らかにしました。

オペラント条件付け

オペラント条件付けとは、報酬（エサなど）や罰（電流など）に適応して、自発的に特定の行動をするように学習することを言います。1898年のソーンダイクによる実験が初めてとされていますが、スキナーは1938年以降マウスや鳩を用いて体系的な研究を行いました。マウスがレバーを押すとエサが出てくるように設定した観察箱をスキナーボックスとも呼びます。

応用・影響・課題

古典的条件付けやオペラント条件付けを用いて、各種の技能訓練、不適応行動の改善など「行動療法」の技法が開拓されていきました。しかしデシらの内発的動機付け研究は、外部からの報酬や罰がなくとも行動が動機付けられることを明らかにし、自己決定（主体性や主観）の重要性が指摘されるようになってきました。またバンデューラは他者を観察することによる模倣学習を紹介し、人の行動のすべてが過去の本人の行動結果に依存するわけではないことが指摘されています。バンデューラの指摘は認知が行動の媒介となっていることを示しており、やがて認知行動療法へとつながっていきます。

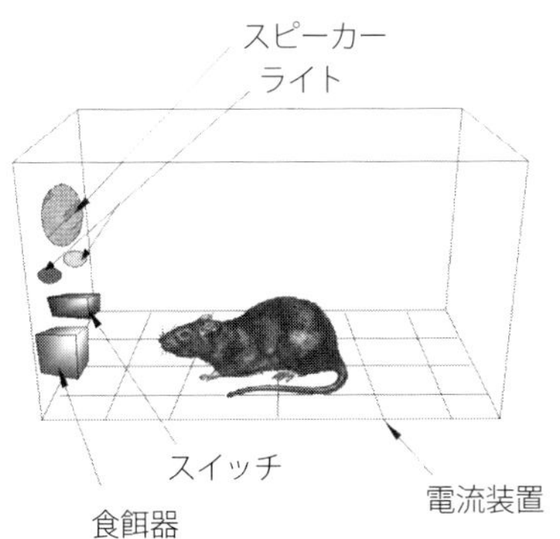

スキナーボックス
（出所：Wikipedia.CC-BY-SA 3.0 by Andreas1）

▶行動療法の父、系統的脱感作技法と開発

KEYWORD　行動療法、逆制止理論、系統的脱感作

Joseph Wolpe（1915～1997）

ジョセフ・ウォルピ

POINT

- 行動療法の実践家かつ研究者
- 系統的脱感作を治療法として構築
- 南アフリカからイギリス軍軍医を経て、アメリカへ

略歴

ウォルピは1915年に南アフリカのヨハネスブルグで生まれ、ミッドウォーターズ大学で医師資格を取得しています。第二次世界大戦中の1944年にイギリス軍に軍医として従軍し、神経症症状（当時の呼称は戦争神経症）を発症した兵士たちを多く診ることになります。戦争神経症の診察と治療を経験する中で、フロイトの精神分析の効果に疑問を持ち始め、行動療法を試していきます。第2次世界大戦後は、行動療法のパイオニアと言われるようになり、神経症に関する行動療法の父とも言われています。ネコによる動物実験では、系統的脱感作法のような臨床的神経症に著しい効果を示す治療法を生み出しました（強烈な恐怖・不安の刺激をネコに与え続けることで神経症を形成させたり、形成した神経症症状を条件づけ学習で治療したりしています）。

1956年にアメリカに渡りスタンフォード大学で数年を過ごし、1960年に

バージニア大学に異動、さらに1965年にはテンプル大学の医療センターに異動しました。"Journal of behavior therapy and Experimental Psychiatry" 誌の編集を務めていました。

逆制止理論

ウォルピはネコによる実験神経症の研究によって、不安や恐怖はそれに拮抗する新しい反応を学習することで消去できるという「逆制止理論」を打ち立てます。互いに拮抗する反応の一方を強めることによって、他方の反応を抑制させるという理論です。つまり不安反応と逆の反対感情（拮抗反応）が起きているときには、不安は感じないということを指しています。

系統的脱感作

系統的脱感作は不安の対象となる状況や物について、クライエントが感じる主観的刺激の強弱で階層化し、リラクゼーション（主に筋弛緩）を学んで十分にリラックスした状態で階層的に低い不安対象から暴露し、少しずつ高い段階の階層に暴露しながら慣らしていく技法です。

この技法はのちに、リラクゼーションを特に用いないエクスポージャー法（暴露療法）へと発展していきます。

▶不正発覚により経歴に傷

KEYWORD　行動療法、神経症、理論的支柱

Hans Jurgen Eysenck（1916 ～ 1997）

ハンス・J・アイゼンク

POINT

- 行動療法業界の有名人だが 2019 年に論文不正が発覚
- アイゼンク自身は臨床の実践家ではないが、1960 年に『行動療法と神経症』を執筆。アイゼンクが編集した“Behaviour Research and Therapy”も行動療法の発展に貢献
- 神経症は不安の古典的条件付けだとし、条件を消去すればよいとした

略歴

アイゼンクは 1916 年にドイツ・ベルリンに俳優の両親の下に生まれますが、両親の離婚のため 4 歳から母方の祖母の下で成長したと言います。フランスとイギリスの大学を卒業後、ユニバーシティ・カレッジ・オブ・ロンドンで心理学の博士号を取得しています。キングス・カレッジ・ロンドン精神医学研究所（IoP）心理学部主任などを経て、キングス・カレッジ・ロンドン教授などを務めました。知能や人格研究で知られ、人格研究においては外向・内向性、神経症的傾向、精神病的傾向などの特性を定義しています。また晩年にはがんや心疾患の発症と人格、喫煙などの生活習慣との交互作用の分析なども行っています。また行動療法への貢献として、『行動療法と神経症』をはじめとして

数多くの著書や論文を発表しています。

しかし2019年に特定の共著者との論文の不正が指摘され、複数の論文が撤回される事態となりました。さらに、アイゼンクの伝記作家は、アイゼンクによる出版物の一定数は撤回されるべきとしています。

行動療法の発展への貢献

行動療法の構想は1940年代の中頃からアイゼンクの中にあったものの、心理学者が治療に参加することの反対から実施されなかったとアイゼンク自身が述べています。1950年に精神医学研究所の心理学部門の責任者になったのちは、フロイト理論を批判し、学習理論の臨床的応用に自信を持つようになったと言われます。

アイゼンク自身は臨床の実践家にはなりませんでしたが、1960年に『行動療法と神経症』を執筆したほか、アイゼンクが編集した“Behaviour Research and Therapy”も行動療法の発展に貢献したと言われ、行動療法の実験的基礎や理論の重要性を重視したアイゼンクの貢献を指摘する声もありました。

その後の行動療法

行動療法はやがてエリスやバンデューラ等にも影響を受け、認知にも目を向けた「認知行動療法」となり、やがて認知や行動のどこに焦点を当てるか、あるいはその認知や行動は本人にとってどんな意味があるのかを問う第三の行動療法（アクセプタンス・コミットメントセラピーやマインドフルネスなど）の方向に進んでいくことになります。

▶認知療法の創始者

KEYWORD　認知療法、認知の歪み、抑うつ

Aaron Temkin Beck（1921～2021）

アーロン・T・ベック

POINT

- 精神科医にして、認知療法の創始者
- 認知（ものの見方や考え方）のあり方が抑うつ状態と深く関連しているとする
- うつ病やパニック障害の治療に道を開く

略歴

ベックは1921年にロードアイランド州で生まれ、1942年にブラウン大学で学士号を、1946年にイェール大学で医学博士号を取得しています。その後、精神分析医として臨床に携わる中で、認知（ものの見方や考え方）のあり方が抑うつ状態と深く関連していることに気づきます。こうした認知の歪みを治すための技法として、1963年に認知療法を生み出します。

ベックの理論

ベックは人間の病理的行動は、誤って学習した考え方や記憶に基づいていると考えました。

ベックは自己、世界、将来の3領域に対するクライエントの否定的かつ悲

観的な認知を、より現実的で適応的に修正することによって、うつ病やパニック障害などの精神疾患が治療できると考えました。そこでベックの認知療法では、構造化された短期間の面接を通して、クライエントの認知のあり方を修正することによって、クライエントを適応的な状態へと変化させていくことを目指します。

エリスとの関係

ベックの認知療法が発表されると、論理療法のエリスが書簡を送り、行動療法についての意見交換が始まったと言います。そして行動療法の行動の概念に「認知」や「感情」までを含めると互いの理解が深まったと言います。こうした意見交換が、認知行動療法の発展に寄与したのかもしれません。

影響

ベックの研究や実践は、今日の認知行動療法の隆盛・発展に大きく貢献したと言われています。また当時は行動療法が不安に対して効果があることは知られていたものの、うつ病の治療に関してはほとんど進展がなく、認知療法のうつ病に対する治療効果が示されたことで、様々な悩みや精神的問題の有効なアプローチとして発展していったとされます。

行動療法家ももはや、行動のみに焦点を当てるだけでは済まなくなってきそうです。

▶古典的行動主義を批判し、認知（評価）の重要性を説く

KEYWORD　認知論、コーピング、問題焦点型対処と情動焦点型対処

Richard S. Lazarus（1922 ～ 2002）

リチャード・S・ラザラス

POINT

- 古典的な行動主義を批判し、認知論の立場から評価の重要性を主張
- 喚起された情動反応を減少させるための認知や行動を「コーピング」と呼ぶ
- コーピング尺度を作成

略歴

ラザラスはニューヨーク市立大学を卒業後、1947年にピッツバーグ大学に博士号を取得し、ジョンズ・ホプキンス大学、クラーク大学を歴任後、最終的にカリフォルニア大学バークリー校で教えています。心理社会的ストレスやその対処法（コーピング）に関する研究を数多く行っています。

1970年代には博士課程の学生だったスーザン・フォークマンと、問題焦点型対処と情動焦点型対処について共同で研究を行っています。

ラザラスの理論

ラザラスは古典的な行動主義を批判し、これまで行動の始発と考えられていた「情動」を「反応」とみなし、評価の影響を指摘しました。ある刺激が個人

にとって脅威であり、対処するための努力を要するものであると評価（一次的評価）されると情動反応が喚起され、さらにその刺激を個人が統制できるか否かの評価（二次的評価）がその後の情動の種類や強度を決定するとしました。

このようにして喚起された情動反応を減少させるための認知や行動をコーピングと呼び、コーピングには問題焦点型対応と情動焦点型対応の2種類があるとしました。またコーピング尺度も作成しています。

影響

困難な状況下での強い信念が心身の健康と関連することを見いだし、その後の健康心理学やポジティブ心理学に大きな影響を与えたとされています。

アーノルド・ラザラスとは別人です

アーノルド・ラザラス（Arnold A. Lazarus, 1932～2013）は、学習理論に基づいた従来とはまったく異なるタイプの心理療法を「行動療法」と名付け、実践した研究者です。恐怖症患者に対して、集団に対して脱感作療法を初めて行ったのもアーノルド・ラザラスだとされています。

アーノルド・ラザラスはやがて、刺激・反応結合理論に基づく古典的行動療法では十分な効果が得られないことに気づき、認知面を重視するようになります。さらに行動・認知のほかにも感情・感覚・イメージ・対人関係・薬物／生物学的要因を加えた7つの態様（Behaviors, Affective processes, Sensations, Images, Cognitions, Interpersonal relationships, Drugsの頭文字を取ってBASIC IDと呼ばれる）から総合的に評価して治療を行う「マルチモード療法」を提唱しています。

▶フロー体験（最適経験）概念を提唱

KEYWORD　フロー体験（最適経験）、自己目的的、内発的動機付け

Mihaly Csikszentmihalyi（1934 ～ 2021）

ミハイ・チクセントミハイ

POINT

- その体験に没入することで他の何ものも問題にならない状態である「フロー体験」概念を提唱
- 当初面接や質問紙でデータを集めたが、のちに主観的な経験の質を測定する経験抽出法（Experience Sampling Method）を開発
- 経験の意味を考察するなどナラティブアプローチへの親和性は高いが、ポジティブ心理学との関連で語られることが多い

略歴

チクセントミハイは、ハンガリー外交官の父親の下で1934年にイタリアで生まれます。1956年にアメリカに渡り、1965年にシカゴ大学で博士号を取得します。シカゴ大学を経てクレアモント大学院大学の教授に就任しました。

全米教育アカデミー、全米レジャー科学アカデミーの会員でもあったそうです。

チクセントミハイの理論

チクセントミハイは「一つの活動に深く没入しているので他の何ものも問題にならなくなる状態、その経験それ自体が非常に楽しいので、純粋にそれをす

るということのために多くの時間や労力を費やすような状態」をフロー体験（flow experience）と呼びました。そしてこのような経験が生じる時、それは必ずしも快いものとは限らないとし、水泳選手のレース時の例を挙げます。

チクセントミハイはさらに、内的経験の最適状態とは「意識の秩序が保たれている状態」だとします。またフロー体験が生じる条件について、競技や音楽からヨーガに至る身体的能力や感覚的能力の使用を通して、または詩・哲学・数学などの象徴能力の発達を通して行われる、とします。また仕事をフローが生じる活動に変換すること、両親・配偶者・子どもたち・友人との関係をより楽しいものにする方法を考えることが決定的に重要だとします。さらに人は逆境の中でも生活に楽しみを見いだすことができること、すべての体験を意味のあるパターンに結びつけることができることも示唆しています。

邦訳された著書も多く、『フロー体験 ―― 喜びの現象学』『クリエイティヴィティ ―― フロー体験と創造性の心理学』『フロー体験入門 ―― 楽しみと創造の心理学』『フロー体験とグッドビジネス ―― 仕事と生きがい』『モノの意味 ―― 大切な物の心理学』『グッドワークとフロー体験 ―― 最高の仕事で社会に貢献する方法』『楽しみの社会学』『楽しむということ』などが刊行されています。彼の研究はポジティブ心理学の発展に大きな影響を与えたとされています。

C O L U M N

近年のキャリア理論の課題や焦点

近年のキャリア理論の課題や焦点として、例えば下村（2020）や前田（2020）は「社会正義のキャリア教育」を取り上げます。社会正義は日本では格差・不平等・貧困の解消の必要性という文脈で語られることが多いようですが、下村は大多数を占める一般的な生徒から外れてしまう生徒への個別支援の必要性を指摘し、カウンセリングとエンパワメントとアドボカシーの必要性を訴えます。また前田（2020）は近年、北米や欧州を中心に社会正義（social justice）あるいは社会的公正（social equity）を志向するキャリア教育への関心が高まっているとして、我が国においても公共性の涵養など社会正義を志向する新たなキャリア教育が必要だとしています。シチズンシップ教育の必要性です。

こうした社会正義の文脈とも重複するかもしれませんが、アメリカのキャリア分野においても Walsh, Savickas & Hartung（2013）は多文化の視点やジェンダー、社会階層について触れています。また全体性（Holism）や多様性、問題ではなく強みや長所に焦点を当てることを重視する姿勢を訴えるもの（Gysbers, Heppner & Johnston, 2014）もあります。

厚生労働省でも近年、治療と職業生活の両立支援や就職氷河期世代の労働者に対する支援、オンラインによるキャリアコンサルティングなどの研究を進めています。

いずれにせよキャリア支援者は、その時代や場所が抱える問題に真摯に向き合い、すべての人が幸せな人生を過ごすことができるような支援をしていく必要があると考えています。

第4部

キャリア理論に影響を与えた理論家（3）

人間性心理学

（精神分析、行動療法に次ぐ第３のカウンセリング）

人を「科学の客観的な対象物」ではなく「人間性を持った１人の人間」として見るべき、とする議論が起こってきます。ロジャーズ以降の時代は、カウンセリング技法やカウンセリング倫理の面で大いに発展した時期とも言えるかもしれません。他方、日本ではロジャーズ人気に押されて、新しい具体的な技法の妨げになった気がしないでもありません。

▶人間の欲求の階層、人間性心理学の生みの親

KEYWORD　欲求階層説、自己実現、人間性心理学

Abraham Harold Maslow（1908～1970）

アブラハム・H・マズロー

POINT

- **自己実現を至上の価値とする基本的欲求の階層説**
- **人間性心理学を提唱**
- **「科学的でない」「西洋的価値観」との批判も**

略歴

マズローの両親はユダヤ人迫害を逃れてアメリカに移住したユダヤ系ロシア人で、マズローは7人兄弟の長男として1908年にニューヨーク州で生まれます。ニューヨーク市立大学で法律学を学び、ウィスコンシン大学に転校し心理学を学び1930年に卒業、1931年に心理学の修士号を、1934年に博士号を取得します。1937年にニューヨーク市立大学の教授職となり、1951年から1969年まではブランダイス大学に在職していました。アメリカ心理学会の中に人間性心理学の部会をつくるために努力するとともに、「人間性心理学雑誌」の創刊に努めたとされています。

マズローの基本的欲求階層説

マズローは人間の欲求には5段階あり、最も低次の欲求から「生理的欲求」

「安全の欲求」「社会的欲求」「承認欲求」「自己実現欲求」としました。低次の欲求が満たされると、次により高次の欲求を求めるとします（よくピラミッド型の基本的欲求階層の図が使われているのを目にしますが、マズロー自身はピラミッド図では説明していないようです）。後年になると「自己実現の欲求」の上に「自己超越の欲求」を追加しました。

キャリア分野への影響

マズローの基本的欲求階層説を踏まえれば、企業がその労働者の職務満足を目指すとすれば「安全の欲求」「社会的欲求」「承認欲求」「自己実現欲求」を満たしていくことが必要です（同じようなことがハーズバーグの二要因理論にも言えます）。

単に働いた分に対して給与を支払うだけでなく、パワハラのない職場、人間関係がよく、仕事が正当に認められ、仕事を通じてやりがいを感じ、自己実現できるような環境を整えることが必要になってきます。労働者の側から見ても、自分の欲求がどういうものかよく知っておく必要があるでしょう。

精神分析・行動主義に続く第三の勢力と呼ばれた人間性心理学では、個人の主観的幸せが重視されました。こうした主観的幸せの重視がスーパー以降のキャリア理論家に大きく影響を与えていることは間違いありません。

▶パーソンセンタードアプローチを創始

KEYWORD　パーソンセンタードアプローチ、人間性心理学、エンカウンターグループ

Carl Ransom Rogers（1902～1987）

カール・R・ロジャーズ

POINT

- **非指示的カウンセリング→来談者中心療法→パーソンセンタードアプローチ**
- **指示的カウンセリングを批判し、非指示的カウンセリングを展開**
- **カウンセリングと心理療法を区別しなかったため、その後の混乱も**

略歴

ロジャーズは1902年にイリノイ州に生まれ、1919年にウィスコンシン大学に進学して農業を専攻しますが、途中で牧師を目指すようになり、ウィスコンシン大学卒業後にユニオン神学校に入学します。しかしその後、コロンビア大学の教職大学に入り直し、1928年に修士号、1931年に博士号を取得します。その後ロチェスター大学、オハイオ州立大学、シカゴ大学、ウィスコンシン大学などで勤務しています。

パーソンセンタードアプローチ

パーソンセンタードアプローチとは、ロジャーズが1940年代から開始し、80年代頃まで拡張された精神療法あるいはカウンセリング技法を言います。

パーソンセンタードアプローチは、セラピストの受容（無条件の肯定的配慮）、一致（純粋性）、共感的理解を通じてクライエントの自己実現傾向、「成長と実現に向けて、もともと持っていた気質」を促進するとされます。

ロジャーズは治療的変化には以下の6つが必要だとしました。

(1) セラピストとクライエントの心理的な接触：クライエントとセラピストとの関係があり、相手に対する関係の知覚が重要であること。
(2) クライエントの不一致：クライエントの経験と知覚に不一致が存在すること。
(3) セラピストの一致・統合：セラピストは、治療関係の中で一致している。セラピストは深く関わり――演技するのでなく――、お互いの関係を促進するように経験（自己開示）を活用することができること。
(4) セラピストの無条件の肯定的配慮：セラピストは賛成であろうと反対であろうと判断なしにクライエントを無条件に受け容れる。これこそが、クライエントの自尊心を高め、歪められたり否定されたりした自尊心の視点から経験を自覚し始めることができる。
(5) セラピストの共感的理解：セラピストはクライエントの内部の準拠枠を共感的に理解することを経験する。セラピストの側における正確な共感は、クライエントがセラピストの無条件の配慮を信じることを助ける。
(6) クライエントの知覚：クライエントが少なくともセラピストの無条件の肯定的配慮と共感的理解に少しでも気づいていること。

以上の6つから有名な3要件（無条件の肯定的配慮（受容）、共感（的理解）、自己一致（純粋性））が引き出されました。

評価・課題

ロジャーズは、様々な影響を及ぼしています。特にキャリアカウンセリング分野への影響としては、ロジャーズが心理療法（サイコセラピー）とカウンセリングを区分しなかったために、後に「サイコセラピーとカウンセリングの定義」を改めて定義する必要が出てきました。アメリカ心理学会（APA）の場合、第12部会が臨床心理部会（Society of Clinical Psychology）、第17部会がカウンセリング心理学部会（Society of Counseling Psychology）であり、スーパーやサビカスなどキャリアの専門家は第17部会に所属していました。

他に心理療法やカウンセリングに関係しそうな部会としては、第16部会である学校心理学部会（School Psychology）、第22部会であるリハビリテーション心理学（Rehabilitation Psychology）、第28部会である精神薬理学と物質乱用部会（Psychopharmacology and Substance Abuse）、第39部会である精神分析と精神分析的心理学部会（Society for Psychoanalysis and Psychoanalytic Psychology）、第40部会である臨床精神心理学部会（Society for Clinical Neuropsychology）、第43部会であるカップルと家族の心理学部会（Society for Couple and Family Psychology）、第49部会である集団心理学と集団心理療法部会（Society of Group Psychology and Group Psychotherapy）、第50部会である中毒心理学部会（Society of Addiction Psychology）、第53部会である臨床児童・思春期心理学部会（Society of Clinical Child and Adolescent Psychology）、第56部会であるトラウマ心理学部会（Trauma Psychology）などありますので、アメリカの心理学会の対象分野の定義は大変そうです。

▶経験の象徴化を体験過程理論としてまとめる

KEYWORD　体験過程理論、フォーカシング

Eugene T. Gendlin（1926～2017）

ユージン・T・ジェンドリン

POINT

- 日本ではフォーカシングで有名
- ロジャーズの弟子・共同研究者であり、体験過程理論をまとめる
- もともと哲学者であり、カウンセリング実践家であったが生涯哲学者である

略歴

ジェンドリンは1926年にオーストリアのウィーンに生まれ、子どもの頃にナチスの迫害を逃れてアメリカに移住します。ジェンドリンはシカゴ大学で哲学博士号を取得します（もともとはサルトルやメルロ・ポンティ、フッサール、ディルタイの研究に取り組んでいたそうです）。やがて経験の象徴化、すなわち思考と感情が生じる過程に興味を持ち、ロジャーズに教えを乞い、やがてロジャーズの共同研究者になります。

体験過程理論

ジェンドリンは「体験過程という用語によって我々が意味したいのは、有機体の内側で進行していて、感じることができるものすべてのことである」とし

ています。さらにジェンドリンは「体験過程の直接性(immediacy)」を提唱し、直接的でないときには体験過程から離れており「観察者のような立場で感じている」状態なのだといいます。実はジェンドリンはロジャーズとの共同研究の中で、カウンセリングの成功／失敗と相関があった項目は「治療関係から新しく重要な体験が生じたか」「カウンセラーとの治療関係を、自分の対人関係がうまくいかないことの一例として話したか」「感情を直接的に表現したか／感情について報告したか」であることを報告しており、「クライエントの内側で進行している体験を直接的に（言語等で）表現し、それを理解する」という過程がカウンセリング（クライエントの自己理解）を進行させせると考えたのです。

ジェンドリンは「感情は、象徴化したり、表現したりすることによって、気づき（awareness）の領域に生じてくる。クライエントは、自分が感じているものをきちんと描写することによって、隠れていた感情がさらにうごめいてくるのがわかる。また、描写することで感情が活気づいてくる。感情をぴたりと言い当て、自分の言ったことを相手から伝え返してもらえば、感情はより直接的（immediate）になり、強くなるのである」とも表現しています。

フォーカシング

フォーカシングとは、まだ言葉にならないような、身体で感じられる微妙な感覚に注意を向け、そこから言葉を出していく作業です。ジェンドリンは「フォーカシングに取り組んでいると、注意の向け先に動きが出る。するとクライエントは、ふと、自分が選んでも思い描いてもいなかったほうへと引っ張っていかれている（he finds himself pulled along）のに気づく。グイと引きつけるような大きな力が生じてくるのは、まさにそのとき感じている、ただじっと注意を向けた先からなのである」と述べています。

▶すべてのヘルピング専門家向けにヘルピング技法を解説

KEYWORD　ヘルピング技法、ロジャーズの弟子、アイビイとの類似性

Robert R. Carkhuff（1934～）

ロバート・R・カーカフ

POINT

・ロジャーズの弟子。ロジャーズの研究を学生として支援
・臨床家でなくても効果を上げている例を発見
・カウンセリング技法のみならぬヘルピング技法をまとめる

略歴

カーカフはロジャーズの弟子で、心理療法の効果に関する研究を手伝っていましたが、中には臨床家ではない一般人が訓練された心理学者と同等の成果を挙げたものもあることに気づきます。やがてロジャーズのもとを離れ、1967年にはヘルピングと人間関係に関してより深く論じた、効果的なカウンセリングと心理療法に関する本の第1巻を出版し、1969年に第2巻を出版します。こうした研究はカウンセラー、心理療法家のみならずすべてのヘルピング専門家に関係することから、1971年に『ヘルピングの技法』を出版します。日本では國分康隆監修、日本産業カウンセラー協会訳『ヘルピングの心理学』（1992）として訳出されています（同書は1987年刊の第6版を訳出）。また日本産業カウンセラー協会からは同じく國分監修で『ヘルピングワークブック』（1993）と『ヘルピングトレーナー・ガイド』（1994）も訳出されています。

カーカフの理論の特徴

國分（1992）は従来のカウンセリングよりも広い領域をカバーするのがヘルピングであり、カウンセラーとクライエントというように役割を固定しないほうがよいという発想を指摘します。従来のカウンセリングはカウンセラーとクライエントの人間関係に特定されていましたが、この人間関係の原理と技法を一般化し、教師と生徒、ナースと患者、課長と課員、弁護士と依頼人、先輩と後輩、寮監と寮生など日常生活の中での人間関係にも役立つ援助法に組み直しているのです。

カーカフの理論

カーカフは援助過程の段階を下図のように説明します。

そしてヘルピー（被支援者）の役割は問題解決活動（援助過程への参入、経験の探索、目標の理解、計画的な行動）であり、ヘルパー（支援者）の役割は援助技法（かかわり技法、応答技法、意識化技法、手ほどき技法）であるとします。

ヘルパーは参入の促進のためのかかわり技法では身体的なかかわり、観察、傾聴を求められます。自己探索を促す応答技法では事柄への応答、感情への応答、意味への応答が求められます。自己理解のための意識化技法では意味、問題、目標の意識化が求められます。行動化への手ほどき技法としては目標の明

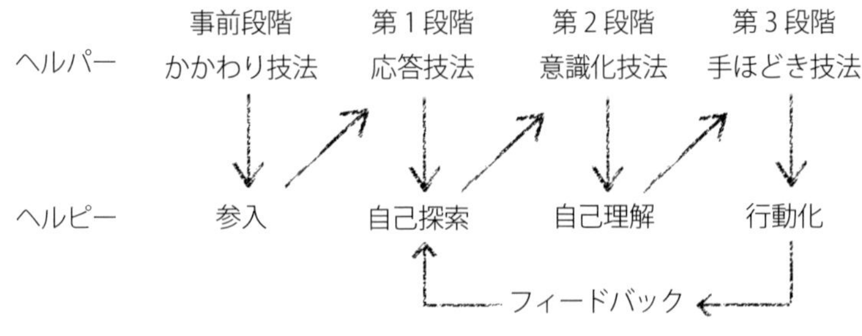

援助過程の段階

確化、行動計画の作成、スケジュールと強化、行動化の準備、各段階の検討の手ほどきが求められます。またヘルパーは最終段階において、それまでのヘルパーの行動についてフィードバックを行います。成果についての情報収集と情報伝達を行い、ヘルピーが自分自身の行動の結果に満足していなければ、これまでの過程を繰り返していくことになります。

評価・課題

こうした援助過程の段階設定は、個人的には非常に分かりやすく援助の過程に抜けがないもののように思いますが、なぜか日本ではアイビイのマイクロカウンセリングを取り入れている養成講座ばかりのように感じます。日本においても、もっとカーカフの援助過程の段階説が採り上げられるべきだと考えています。カーカフの訳本があまり流通していないからかもしれませんが、とても残念に思っています。國分（1993）はカーカフ方式はパラカウンセラー向きの統合主義的折衷主義で、アイビイ方式はプロカウンセラー向きの選択主義的折衷主義だと説明しています。

▶各種技法の共通要素を抜き出し、マイクロカウンセリングとして体系化

KEYWORD　マイクロカウンセリング、折衷主義

Allen E. Ivey（1933～）

アレン・E・アイビイ

POINT

・マイクロカウンセリング技法の創始者
・折衷主義
・カウンセリング緒派の技法の基本の統合・体系化を目指す

略歴

アイビイは1933年にワシントン州に生まれ、スタンフォード大学で心理学を専攻した後、ハーバード大学でカウンセリング・ガイダンスを専攻して教育学博士の学位を取得し、コロラド州立大学の准教授兼カウンセリングセンター長を務めた後、1988年にマサチューセッツ大学のカウンセリング心理学部の教授に就任します。カウンセリング心理学に関わる「Journal of Couseling Psychology」の創刊・編集に携わり、アメリカ心理学会カウンセリング心理学部会の会長・フェロー・理事を歴任しています。アイビイの祖父母の出身地はアイルランドであり、彼自身はフルブライト研究員としてデンマークにわたり「異文化」を意識するようになったそうです。

アイビイの理論の特徴

当時の精神分析・行動療法・クライエント中心療法などの技法を網羅し、それらの共通要素を抜き出して体系的にまとめたものになっています（下図参照）。アイビイは「自派が正しい」というような派閥的なカウンセリング議論を嫌ったとされています。

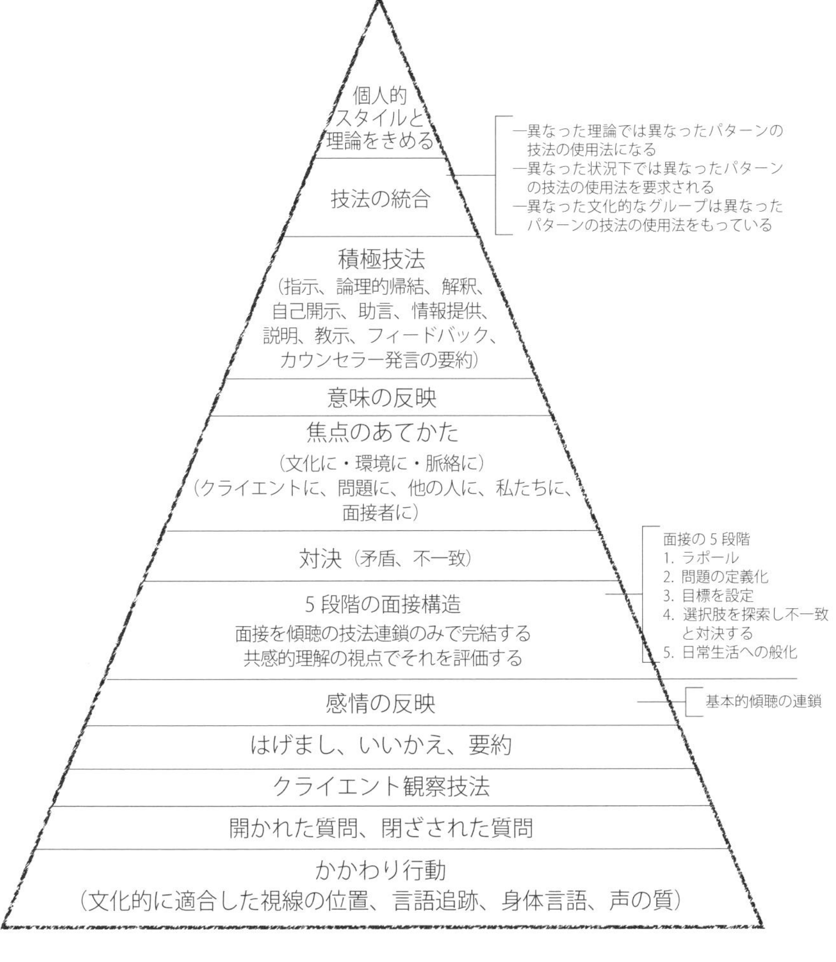

マイクロ技法の階層表

マイクロ技法の視点から見た各種面接・心理療法

	マイクロ技法の指導	意思決定カウンセリング	人間中心	行動主義的（主張訓練）	問題解決（ソリューション）	精神分析	ゲシュタルト	REBT	フェミニストセラピー	ビジネス問題解決	医療診断面接	伝統的教育	学生中心の教育	折衷的メタ理論的
基本的傾聴技法	開かれた質問	●	○	◒	●	◒	●	◒	◒	◒	◒	◒	●	◒
	閉ざされた質問	◒	○	●	◒	○	◒	◒	◒	◒	◒	●	◒	◒
	はげまし	●	◒	◒	◒	◒	◒	◒	◒	◒	◒	○	◒	◒
	いいかえ	●	●	◒	●	◒	○	◒	◒	◒	◒	○	●	◒
	感情の反映	●	●	◒	◒	◒	○	◒	◒	◒	◒	○	●	◒
	要約	◒	◒	◒	●	◒	○	◒	◒	◒	◒	○	●	◒
積極技法	意味の反映	◒	●	○	○	◒	○	◒	●	○	○	○	◒	◒
	解釈／再構成	◒	○	○	○	●	●	●	◒	◒	◒	○	◒	◒
	論理的帰結	◒	○	◒	○	○	○	●	◒	●	◒	●	◒	◒
	自己開示	○	●	○	○	○	○	○	◒	◒	○	○	◒	◒
	フィードバック	◒	●	◒	◒	○	◒	●	◒	◒	○	○	●	◒
	助言、情報提供、その他	◒	○	◒	○	○	○	●	●	●	◒	●	●	◒
	指示	◒	○	●	○	○	●	●	◒	●	●	●	◒	◒
	対決（結合した技法）	◒	◒	◒	◒	◒	●	●	●	◒	◒	◒	◒	◒
焦点のあてかた	クライエント	●	●	●	●	●	●	●	○	◒	◒	◒	●	◒
	メインテーマ／問題	●	○	◒	●	◒	○	◒	◒	●	●	●	●	◒
	他の人びと	◒	○	◒	◒	◒	◒	○	◒	○	○	○	◒	◒
	家族	◒	○	◒	◒	◒	○	○	◒	○	○	○	○	◒
	相互関係	○	◒	○	◒	○	○	○	◒	○	○	○	◒	◒
	カウンセラー／面接者	○	◒	○	○	○	○	◒	◒	○	○	◒	◒	
	文化的／環境的／脈絡的	◒	○	◒	◒	○	○	○	●	◒	○	○	◒	◒
	意味の論点（注目されたり、強化されたりするキーワード、話題）	問題解決	人間関係	問題解決行動	問題解決	無意識の動機付け	いまここでの行動	不合理な考え・論理	女性の問題	問題解決	病気の診断	情報・事実	学生の考え・情報・事実	種々
	面接者が話をする時間	中	低	高	中	低	高	高	中	高	高	高	中	種々

●よく用いる技法／◒普通に用いる技法／○たまに用いる技法

（アイビイ『マイクロカウンセリングの理論と実践』（2004））

アイビイの理論

アイビイはコロラド大学で勤務する中で、仲間の研究者と有効なカウンセリングはどのようにすべきかについて模索していきます。素人の秘書にカウンセリングをやってもらうと、まったくいただけない。そこでこの秘書に「望ましいやり方」を伝授していく方法を考えました。そうしてまとめられたのが149ページの図です（1995年版）。

評価・課題

マイクロカウンセリングはカーカフのかかわり技法と同様、カウンセリングの過程を理解し、教育・評価を行うのが容易です。各種技法を用いている臨床家がメタ認知的に自分のカウンセリングプロセスを理解するのにも役立ちます（「メタモデル」とも呼ばれます）。一方で、近年の一部のキャリアコンサルティング実技指導では、画一的に「次はこうするのが正しい」というように固定された順番のようにマイクロカウンセリングが扱われていることに、個人的には懸念を感じています。順番ではなく、クライエントとの関わりの深さの度合いを表したものと考えたほうがよいと理解しています。

▶論理療法（論理情動行動療法あるいは理性感情行動療法）

KEYWORD　論理療法、論理情動行動療法（REBT）、人間性心理学

Albert Ellis（1913 ～ 2007）

アルバート・エリス

POINT

- 論理療法の創始者
- 人間性心理学の一員であるが、近年はベックの認知療法とともに認知行動療法家（行動主義派）からの引用が多い
- カレン・ホーナイの教育分析を受けたが、短期治療法を志向し論理療法を考案

略歴

エリスは1913年にペンシルベニア州に生まれニューヨークで育ち、1934年にニューヨーク市立大学を卒業、1947年にはコロンビア大学で臨床心理学の博士号を取得します。父方の祖父はロシアのユダヤ移民だと言います。父親は不在がちで、エリスが10代の頃に両親が離婚し、双極性障害の母親と暮らしていたと言います。その後、カレン・ホーナイ研究所で精神分析の訓練を受け精神分析家としての仕事をしていましたが、1950年以降は短期治療を志向し、1955年に論理療法を考案します。1962年には論理療法を論理情動療法（Rational-Emotive Therapy：RET）へ、1995年には論理情動療法を論理情動行動療法（Rational Emotive Behavior Therapy：REBT）へと改名します※。

エリスの理論

エリスは心理的問題や生理的反応は、出来事や刺激そのものではなく、それをどのように受け取ったかという認知を媒介として生じるとして、論理的（rational）な思考が心理に影響を及ぼすことに着目しています。出来事（A: Activating event）が結果（C: Consequence）に直接つながるのではなく、出来事（A）を自らの信念（B: Belief）がどう判断して問題のある結果（C）になるかに焦点を当て、特に、非合理的なビリーフ（イラショナル・ビリーフ）を論駁するABC理論を特徴としています。のちに論駁（D: Dispute）と効果（E: Effect）を加え、ABCDE理論（あるいはABCD理論）とも呼ばれました。「～ねばならない」「～すべきである」のようなイラショナルビリーフに焦点を当て、合理的な思考ができるように支援していきます。

当初は認知（ビリーフ）に焦点を当てていましたが、情報や行動に焦点を当てることもできることから、のちに論理情動行動療法にまで拡張されていくことになりました。

※技法の呼称については、各種の訳により、いろいろな呼び方があります（理性感情行動療法、人生哲学感情心理学など）。

▶ゲシュタルト療法の創始者

KEYWORD　ゲシュタルト療法、「今ここ」の重視、ゲシュタルトの祈り

Frederick Salomon Perls（1893 ～ 1970）

フレデリック・S・パールズ（フリッツ）

POINT

- **精神分析医からゲシュタルト療法を創設。人間性心理学の一員**
- **グロリアと３人のセラピストでは、グロリアから最も評価される**
- **「今ここ」における感覚、知覚、身体感覚、情動、行動への意識を重視**

略歴

パールズは1893年にドイツのベルリンにドイツ系ユダヤ人として生まれ、ベルリン大学医学部を卒業後、精神分析の訓練を受けています（1927年からライヒのウィーンのセミナーに参加し、1932年にはフロイト派精神分析家の資格を取得しています）。1933年にオランダへ、1935年には南アフリカ・ヨハネスブルグで妻のローラと最初の精神分析研究所を設立します。その後、1936年に国際精神分析学会でフロイトと対面できたものの冷たくあしらわれ、自らの発表が評価されなかったために、精神分析と別れる決意をします。1946年アメリカ・ニューヨークに渡り、1951年に「ゲシュタルト療法」を出版、1952年にニューヨーク・ゲシュタルト療法研究所を妻のローラと設立します。

パールズの技法

セラピーでは過去に何をしたか、それはなぜかを問うことはせず、「今ここ」でいかに話しているか、何を話しているか、どんな気持ちか、身体感覚はどうか等に焦点を当てていきます。それらの個々の体験に気づく（アウェアネス）ということを重視しています。

実存分析との類似も指摘されますし、心理劇的手法を用いていますが、多分に精神分析的とも言われます。

ゲシュタルトの祈り

パールズが作ったとされるゲシュタルトの祈り（下）ですが、ワークショップで読み上げることを好んだと言われています。

> 私は私のために生き、あなたはあなたのために生きる。
> 私はあなたの期待に応えて行動するためにこの世に在るのではない。
> そしてあなたも、私の期待に応えて行動するためにこの世に在るのではない。
> もしも縁があって、私たちが出会えたのならそれは素晴らしいこと。
> たとえ出会えなくても、それもまた同じように素晴らしいことだ。

この頃の人間性心理学者の特徴

パールズにせよロジャーズにせよバーンにせよエリスにせよ、当初は精神分析を学んだり影響を受けたりしていますが、そこから行動療法に進むのではなく独自の発展を遂げています。精神分析や行動療法から見えた課題（クライエントの主体性と主観の重視）を自分たちなりに検討していたもの、と個人的には考えています。

▶交流分析の創始者

KEYWORD　交流分析、人生脚本、PACモデル

Eric Berne（1910～1970）

エリック・バーン

POINT

- 交流分析の創始者。人間性心理学の一員
- 1人の人間の中に親・成人・子どもを想定するPACモデル
- 無意識に繰り返されるパターンを人生脚本として分析

略歴

バーンは1910年にカナダのケベック州で開業医の父親の下に生まれます。1935年にマギル大学で医学博士の学位を取得し、1941年ニューヨーク精神分析協会で精神分析医としての訓練を開始し、フェダーン（フロイトに直接師事した精神分析家）の教育分析を受けます。1946年にはサンフランシスコ精神分析協会で訓練を再開し、エリク・エリクソンの教育分析を受け、一緒に仕事もしています。1950年代後半から交流分析（TA: Transactional Analysis）を提唱していきます。ついで1956年に、サンフランシスコ精神分析協会に精神分析医としての資格申請をするも、許可されなかったそうです。そこで1957年にアメリカ集団精神療法学会で「交流分析：新しい効果的な集団療法」を発表し、TAは有名になっていきます。

バーンの理論

自我状態モデルとして１人の人間の中にP（Parent：親）、A（Adult：成人）、C（Child：子ども）を想定するPACモデルを提唱したことが知られており、このモデルを用いて人々が相手とどう交流しているかを分析する交流分析を行います。またこうした交流分析を踏まえて人生脚本を検討し、問題の解決につなげていきます。

バーンズの弟子であるデュセイはP、A、CをさらにNP（Nurturing Parent）とCP（Critical Parent）、A、FC（Free Child）とAC（Adapted Child）に分け、エゴグラムを考案しました。

TAは精神分析の口語版とも言われており、記号や図式を使って簡単に分かりやすく説明できる特徴があると説明されています。

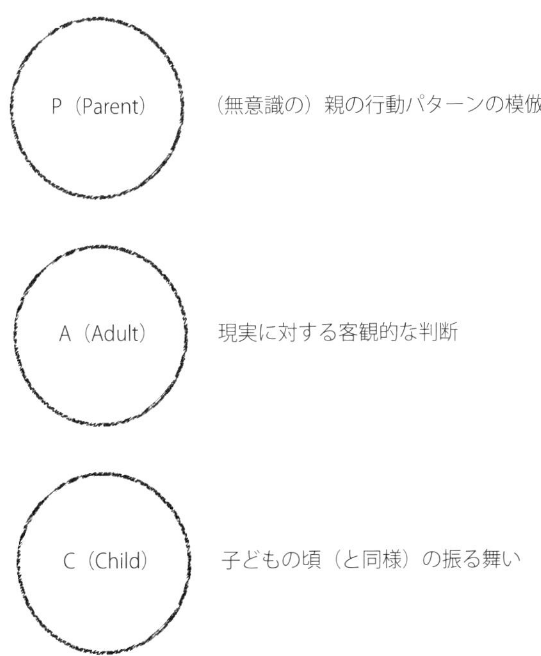

PACモデル

C O L U M N

NCDA（全米キャリア開発協会）のエミネント表彰

キャリアカウンセリング実践家の集まりであるNCDA（全米キャリア開発協会）では、1966年から毎年「エミネントアワード」として業界に貢献した理論家・研究者を表彰しています。こうした表彰を見ることで、今後日本にどんな理論家・研究者が紹介されるか、想像ができるかもしれません（あるいは誰よりも早く洋書や英語論文などの洋書で読まれるのも一考です）。

1966	Anne Roe
1967	Robert Hoppock
1968	Harry D. Kitson
1969	Edward Roeber
1970	Seymour Wolfbein
1971	Roy Anderson
1972	Donald E. Super
1973	Helen Wood
1974	Blanche Paulson
1975	C. Gilbert Wrenn
1976	Leona Tyler
1977	E. G. Williamson
1978	Henry Borow
1979	David V. Tiedeman
1980	John L. Holland
1981	Kenneth B. Hoyt
1982	Russell Flanders
1983	Anita M. Mitchell
1984	John O. Crites
1985	John W. Rothney
1986	Edwin L. Herr
1987	Nancy Schlossberg

1988	Carl O. McDaniels
1989	Norman Gysbers
1990	William C. Bingham
1991	Sunny S. Hansen
1992	Martin R. Katz
1993	Donald Zytowski
1994	John Krumboltz
1995	David A. Jepsen
1996	Mark L. Savickas
1997	Garry R. Walz
1998	Dale Prediger
1999	JoAnn Bowlsbey
2000	Samuel Osipow
2001	James P. Sampson
2002	J. Lee Richmond
2003	Robert Reardon
2004	Thomas Harrington
2005	Duane Brown
2006	Jane Goodman
2007	Spencer Niles
2008	Mark Pope
2009	Rich Feller

2010	Itamar Gati
2011	Dennis Engels
2012	Robert Chope
2013	Howard Splete
2014	Norman Amundson
2015	Robert Lent
2016	Janet Lenz
2017	Carole Minor
2018	David Blustein
2019	Barry Chung
2020	Paul Hartung

第5部

キャリア理論に影響を与えた理論家（4）

その他

精神分析や行動主義、人間性心理学の枠に収まりきらない理論家も、やはりキャリア理論やキャリアカウンセリング技法に影響を与えています。集団力学、産業・組織心理学、動機・欲求理論、経験学習理論、期待理論、メンタリング理論、ワーク・エンゲイジメント概念などキャリア理論周辺の理論家についてご紹介します。

▶ホーソン実験に途中から加わる

KEYWORD　ホーソン実験、科学的管理批判、人間関係論

George Elton Mayo（1880～1949）

G・エルトン・メイヨー

POINT

- ・レスリスバーガーとともに、ホーソン実験に途中から関与
- ・労働者の「科学的管理法」を批判
- ・組織における人間的側面の重要性を指摘し、人間関係論を展開

略歴

メイヨーはオーストラリアの複数の大学やイギリスの医学学校に行っていますが卒業しておらず、最終的にオーストラリアに戻って心理学と哲学を学び、心理学の学士号と修士号を取得しています。オーストラリアで哲学の講師をしていましたが、やがてアメリカのペンシルバニア大学に渡り、さらにハーバードビジネススクールで産業研究の教授になります。

ホーソン実験の結果・考察

ホーソン実験の結果、メイヨーはレスリスバーガー（Roethlisberger, F. J.）とともに労働者の作業効率は職場環境などの作業条件よりも職場の人間関係や目標意識に大きく影響されることを見出し、集団内の仲間意識や集団規範が作業効率に影響を与えることを指摘しました。職場における人間関係や目標意識に

よって、作業者のモチベーションだけでなく作業場全体のモラルが向上するとするものです。こうした知見はのちに行動的アプローチを加え、モラル、コミュニケーション、モチベーション、そしてリーダーシップなどの研究へと発展していきます。

彼らはテイラーの提唱した科学的管理法を労働者の人間性を軽視したものとして批判しています。一方でホーソン実験の結果・考察については、いまだに賛否の議論が行われているようです。

フレデリック・W・テイラー（1856 ～ 1915）

テイラーはアメリカの経営管理研究の先駆者であり、「科学的管理法」の提唱者です。1856 年にペンシルバニア州に生まれ、弁護士の父親の後を継ぐため法学部に入学するも病気のため断念し、機械工見習いとなったのちエンジニア資格を習得したと言います。のちに職場の組長として、"Taylor Shop System" という科学的管理法を実践し、いくつかの会社で工場管理をした後、コンサルタントとして仕事をしています。

▶社会心理学の父、T グループの開発

KEYWORD　アクションリサーチ（実践研究）、集団力学、組織改革

Kurt Zadek Lewin（1890 ～ 1947）

クルト・Z・レヴィン

POINT

- MIT で集団力学研究、T グループを始める
- ゲシュタルト心理学の影響を受け、トポロジー心理学（場の重要性）を提起
- 精神分析は個人の心の中だけを、行動主義は実験室での結果（個人の行動）から導かれている。人間と環境全体の相互作用に意識を向けるべき

略歴

ユダヤ系であるレヴィンは現在ポーランド領となっている当時ドイツ領の地に生まれ、ベルリン大学で哲学と心理学を教えていましたが 1933 年にアメリカに亡命、コーネル大学、アイオワ大学を経て（アイオワ大学ではフェスティンガーを指導していたそうです）、マサチューセッツ工科大学に異動します。マサチューセッツ工科大学の MIT 集団力学研究センターで行われたのが集団に対する研究であり、ここで T グループ（41 ページ参照）が行われるようになりました。

レヴィンの理論的変遷

レヴィンはゲシュタルト心理学に影響を受け、環境と個人を切り離して個人の心の内を分析する精神分析や、実験室での環境下での行動変容を議論することにも否定的でした。人間と環境全体の相互作用興味を持ち、アクションリサーチという技法を導入し、当初の個人から後半は集団力学（グループダイナミクス）に興味が移行し、集団をどのようにして良い報告に導くかということを考えていくことになります。

レヴィンは、組織の改革は

①解凍（組織における常識・価値観を変化させる）
②変化（古い常識・価値観から新しい常識・価値観に移行する）
③再凍結（新しい常識・価値観が組織に根づく）

の 3 段階であり、新しい常識・価値観を上（横）から与えるよりも集団として決定したほうが変化もするし持続もすることを指摘しました。

日本のキャリアコンサルティングはどちらかというとまだまだ 1 対 1 のカウンセリングに重きを置く傾向がありますが、会社を含めた組織改革を考えた場合、こうした社会心理学あるいは集団力学についての知識は必須となってくるものと思っています。

▶X理論Y理論を提唱、Y理論による経営を推奨

KEYWORD　X理論Y理論

Douglas Murray McGregor（1906～1964）

ダグラス・M・マグレガー

POINT

- 著書『企業の人間的側面』で、統合と自己統制による経営手法を提唱
- 人は仕事が嫌いで命令が必要というX理論と、条件次第で責任を取るとするY理論を提唱
- Y理論による経営を推奨

略歴

マグレガーは1906年にミシガン州に生まれ、ハーバード大学で1933年に心理学の修士号を、1935年に博士号を取得しています（マズローのお弟子さんだそうです）。心理学者、経営学者としてMITスローンスクール教授、アンティアーク大学学長などを務めています。

X理論Y理論

マグレガーは、著書『企業の人間的側面／統合と自己統制による経営』の中で、統合と自己統制による経営手法を提唱しています。この著書で書かれたX理論Y理論は行動科学、人間行動理論の代表的な理論の１つとされています。

過去の伝統的な管理論における人間観は「人間は仕事が嫌いで、命令されな

ければ仕事に力を出そうとせず、責任を回避しようとする」というもので、マグレガーはこれをX理論と呼びました。

しかし、人間は高度の欲求を持って生きており、

①仕事に心身を使うのは人間の本性であり、条件次第で自発的に仕事をし、進んで責任を取ろうとする
②外からの統制や強制だけではうまくいかない
③献身的に仕事をするかどうかは目的を達成して得る報酬次第である
④問題解決力や創造的能力はたいていの人に備わっているが企業において従業員の知的能力がすべて生かされているとは限らない

とし、これらをY理論と呼びました。そして、Y理論に基づいた経営（人間の潜在的な意欲と能力を重視し、これを従業員が自発的に発揮するような経営環境の整備と目標の明確化）が望ましいと提唱しました。

Y理論はマズローの欲求階層理論に基づいて提示されたモデルだそうです。

▶達成欲求、権力欲求、親和欲求の3つを欲求理論として整理

KEYWORD　欲求理論、動機付け、TAT

David Clarence McClelland（1917～1998）

デイビッド・C・マクレランド

POINT

- 仕事場面での欲求は達成欲求、権力欲求、親和欲求
- 達成欲求をTAT図版で測定
- 達成欲求を高めるには、モデル、成功と挑戦、ポジティブな言葉が必要

略歴

マクレランドは1917年にニューヨークに生まれ、1938年にウェスレヤン大学で学士号を、1939年にミズーリ大学で修士号を、1941年にイェール大学で実験心理学で博士号を取得しています。コネチカット大学、ウェスレヤン大学に勤務したのち、ハーバード大学に勤務するようになります。欲求理論で知られています（達成欲求理論とも言われます）。

マクレランドの理論

マクレランドは仕事場面での主要な動機・欲求として、達成欲求、権力欲求、親和欲求の3つを提示しました。

達成欲求とは、ある一定の目標に対して、目標達成し、成功しようと努力し

たいと欲する欲求とされます。達成欲求の高い人はよりよい成績を上げたいという願望を強く持ち、挑戦的な問題に自分の責任において立ち向かいたいと欲する傾向があるとされます。

権力欲求とは、ほかの人々に働きかけて影響力を行使し、他者をコントロールしたいという欲求とされます。権力欲求が強い人は、権限や適任を与えられることを喜び、地位や身分を重視する状況を好み、他者に影響力を行使することにこだわる傾向があるとされます。

親和欲求とは、他人に好かれ、受け入れてもらいたいという願望で、友好的で親密な対人関係を求める欲求とされます。親和欲求の強い人は、競争的な状況よりも協力を促す状況を好み、相互の理解が必要な関係を作り上げることを望む傾向があるとされます。

マクレランドは特に達成欲求に注目し、達成欲求の個人差を測定するためにTAT（主題統覚検査）図版を見せた時の反応から個人の達成欲求得点を求める方法を開発しました。

高達成欲求者の特徴として、

①適度なリスクを持つ課題を好む
②責任をとるような事態を好む
③自分のパフォーマンスについて具体的なフィードバックを望む

などの特徴を明らかにしました。また、人が達成欲求を高めるには、

(1) モデルを求め、そのモデルを真似る
(2) 自分を「成功」と「挑戦」を求めるものとしてイメージする
(3) 自分自身にポジティブな言葉で話しかけ、自らの夢を実現するよう自分をコントロールする

といった働きかけが有効である、としました。

▶人間発達の生態学（生態学的システム理論）を研究

KEYWORD　生態学的システム理論、マイクロ・メゾ・エクソ・マクロシステム

Urie Bronfenbrenner（1917～2005）

ユリー・ブロンフェンブレナー

- 「主要な効果は相互作用に存在している」：人間行動は人と環境との相互作用、過去と現在の相互作用の中に見られる
- マイクロシステム、メゾシステム、エクソシステム、マクロシステムを想定
- 当時の心理学の実験的手法に批判的

略歴

ブロンフェンブレナーは1917年にロシア・モスクワでユダヤ系の両親の下に生まれ、6歳の時に一家でアメリカに移住しました。父親は当時「精神薄弱児」と呼ばれていた人々のための州立施設の神経病理学の研究者で、ブロンフェンブレナーは施設と同じ敷地で育ちます。3000エーカーを超える農場・森・山林・湿地を併せ持つ施設は一つのコミュニティとなっており、患者たちが家畜小屋、大工の仕事場、パン屋、倉庫などで働いていたと言います。

のちにブロンフェンブレナーは1938年にコーネル大学で心理学と音楽の学士号を、1940年にハーバード大学で教育学の修士号を、1942年にミシガン大学で発達心理学の博士号を取得しています。

ブロンフェンブレナー自身はクルト・レヴィン、フロイト、トールマン、

ヴィゴツキー、ゴルドスタイン、オットー・ランク、フィッシャーなどの影響を受けたと言っています。

ブロンフェンブレナーの理論

ブロンフェンブレナーは「実験室で観察された子どもや大人の行動と、現実生活の行動場面におけるそれとでは一貫した違いが見られる」と言います。したがって様々な行動場面は、その構造面から分析されるべきとします。

直接対面しながら相互作用する人々をマイクロシステム（microsystem）、本人が実際に参加する行動場面をメゾシステム（mesosystem）、実際に参加していないけれども直接的環境の中の出来事に対する影響を生み出している別の行動場面をエクソシステム（exosystem）、ある文化や下位文化に共通しているパターンをマクロシステム（macrosystem）と呼び、異なった社会集団や人種的・宗教的集団あるいは全社会を特徴づけているマイクロ、メゾ、エクソシステムを分析し比較することによって、これらの広汎な社会的文脈の生態学的特質を、人間発達にとっての環境として体系的に記述することが可能になり、それらを区別することも可能になると述べます。

こうして人間発達における複雑な環境の影響を重視していたブロンフェンブレナーは、やがて脱貧困のためのヘッドスタート計画※の創設にも影響を与えていくことになります。

※アメリカ連邦政府の育児支援政策で、低所得家庭に対する就学前教育や健康・保険サービスなど多面的な支援が行われています。

▶ 二要因理論（動機付け・衛生理論）の提唱

KEYWORD　二要因理論、動機付け要因、衛生要因

Frederick Herzberg（1923 ～ 2000）

フレデリック・ハーズバーグ

POINT

- **満足に関わる要因（動機付け要因）と不満足に関わる要因（衛生要因）は別もの**
- **動機付け要因は「達成」「承認」「仕事そのもの」「責任」「昇進」**
- **衛生要因は「会社の政策と管理方式」「監督」「給与」「対人関係」など**

略歴

ハーズバーグは1923年にウィスコンシン州に生まれ（両親はユダヤ系リトアニア移民）、ケース・ウェスタン・リザーブ大学で心理学の教授、ユタ大学で経営学の教授を歴任しています。職務拡大、動機付け・衛生理論で知られます。1941年にニューヨーク市立大学に入学しますが、卒業する前に陸軍に入隊し1944年には結婚、1946年にようやく大学を卒業しています。のちピッツバーグ大学で公衆衛生学の修士号を取り、同じくピッツバーグ大学で電気ショック療法の博士号を取得しています。

二要因理論

ハーズバーグは1950年代からユタ大学で組織に関する研究を開始します。

200 人以上の被験者に仕事で満足感を覚えたのはなぜか、仕事上の経験がネガティブな感情につながったのはなぜか、などの質問をしていったところ、仕事の満足要因は不満要因の逆ではなく、まったく別ものだという事実を把握します。そこで人間の欲求には、苦痛や欠乏状態を避けたいという基礎欲求と、成長したいとい高次の欲求があることを仮定し、前者を衛生要因（不満を生み出すもの）として「会社の政策と管理方式」「監督」「仕事上の対人関係」「作業環境」「身分」「安全保障」「給与」があること、後者を動機付け要因（満足を生み出すもの）として「達成」「承認」「仕事そのもの」「責任」「昇進」があることを明らかにしました。

さらに、衛生要因に対する不満を取り除いても満足感につながらず、職務満足を向上するためには動機付け要因の充足が重要だとしています。こうした考えは二要因理論、あるいは動機づけ・衛生理論（Motivation-Hygiene Theory）と呼ばれます。

▶仕事に対する意欲を左右する公平理論を提唱

KEYWORD　公平理論、動機付け、社会的比較過程理論

J. Stacy Adams（1925～）

J・ステイシー・アダムズ

POINT

- **人は周囲の人と比較する中で仕事上の報酬や待遇が公平かどうかを判断**
- **公平感は仕事に対する意欲を左右する**

略歴

アダムズはベルギーのブリュッセルで生まれ、ミシシッピ大学で学士号を、ノールカロライナ大学で修士号と博士号を取得しています。陸軍勤務ののち、スタンフォード大学、GE、コロンビア大学、ノースカロライナ大学などに勤務しています。

アダムズの理論

アダムズの公平理論は、人は自分が他の人と比較して自分のインプット（努力や時間など）に対して受け取れるアウトプット（報酬や昇進など）が多かったり少なかったりした場合に不公平を感じ、その結果として仕事に対する動機付けが向上したり低下したりする、とします。公平理論では次の4つの仮説が提案されています。

- 自己の内側
  個人は結果を最大化するよう努める
- 自己の外側
  グループは報酬とコストを公平に配分するためのシステムを開発して、集合的な報酬を最大化しようとする
- 他者の内側
  自身が不平等な関係になっていると気づくと、個人は悲しくなる。不公平であればあるほど、強く感じる。多すぎると感じると罪悪感や恥を感じる。少なすぎると感じると怒りや屈辱を感じる
- 他者の外側
  不公平な関係にあると受け取った個人は、公平を取り戻そうとする。不公平感が強いほど、人々は悲しく感じ、改善しようとする

なお不公平感が生じたときの人の対処行動としては、

①自分の、あるいは他者のインプットまたはアウトプットを歪める
②他者にインプットないしアウトプットを変えさせるような行動を取る
③自分のインプットないしアウトプットを修正するような行動を取る
④別の比較対照を選ぶ
⑤離職する

などが挙げられています。

▶人の動機付けは報酬そのものではなく、何を期待しているかによる

KEYWORD　期待理論、動機付け、報酬との関連

Victor Vroom（1932～）

ビクター・ブルーム

POINT

- 行動は「喜び」を最大化し、「痛み」を最小化する選択に起因する、とする
- 努力とパフォーマンスには正の相関があり、好ましいパフォーマンスは望ましい報酬を生じさせる
- 報酬は重要なニーズを満たし、ニーズを満たそうという欲求は努力しようという気持ちを強める

略歴

ブルームは 1932 年にカナダのモントリオールで生まれ、カナダのマクギル大学で学士号と修士号を、アメリカのミシガン大学で博士号を取得しています。現在はイェール大学の経営大学院に勤務しています。動機理論の研究者で、リーダーシップ（リーダーの意思決定プロセス）や組織における人間行動についても研究しています。

ブルームの理論

ブルームの期待理論は、人がある行動に動機づけられる程度（意欲）は、その行動があらかじめ定められた報酬につながるという期待の程度と、そのアウ

トプットが本人に与える魅力の程度による、とします。この過程には、

①魅力（個人がその職務で達成できると予想される結果、すなわち報酬にどれだけの重要性を置いているか）
②業績と報酬の関係（個人がどの程度の仕事をすれば、望ましい結果を達成できると考えているか）
③意欲と業績の関係（個人がどの程度の意欲を傾ければ、業績につながる確率があるか）

という 3 つの下位概念が含まれる、とされます。

期待理論は、人の動機付けを報酬そのものではなく、本人が業績・報酬・目標を満足させる結果に何を期待しているかによって決定させるという、認知論的な視点を導入しています。すなわち、従業員の努力を引き出すには、金銭に限らず従業員にとって価値があると感じられるものを報酬とする必要性の提起です。意味論（構成主義）やナラティブアプローチにもなじみやすい考え方です。

▶具体的経験を内省することで概念を抽象化できる

KEYWORD　経験学習モデル、能動的実験・具体的経験、内省的観察・抽象的概念化

David Allen. Kolb（1939 ～）

デイビッド・A・コルブ

POINT

- 経験学習モデルを確立
- 具体的経験、内省的観察、抽象的概念化、能動的実験のサイクルで学習が生起
- 能動的実験・具体的経験、内省的観察・抽象的概念化という 2 つのモード

略歴

コルブは 1939 年にイリノイ州に生まれた教育理論家（日本では組織行動学者という紹介もあるようです）で、経験学習、個人と社会の変化、キャリア開発などを専門としています。ノックス大学で 1961 年に社会心理学の学士号、ハーバード大学で 1964 年に社会心理学の修士号、ついで 1967 年に博士号を取得しています。

ジョン・デューイやジャン・ピアジェの影響を受け、1970 年代にロン・フライとともに具体的経験、内省的観察、抽象的概念化、能動的実験の 4 つの要素からなる「経験学習モデル」を開発します。

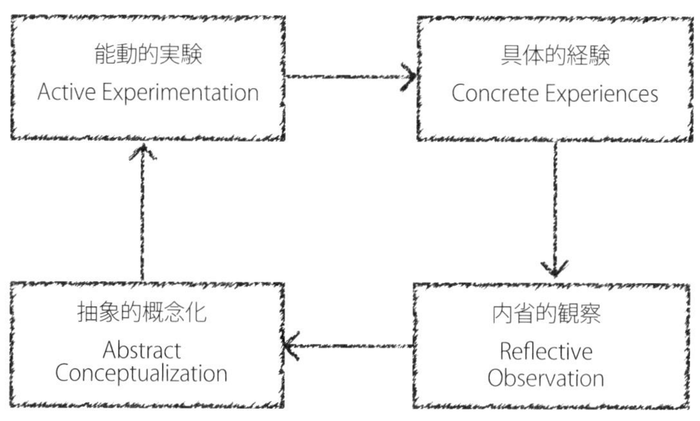

経験学習モデル（Kolb, 1984）

コルブの理論

コルブらは上記4つの要素はどこからでも始まる学習のspiral（連なり）だが、一般的には具体的経験から始まるとします。また経験学習モデルにおいては「能動的実験・具体的経験」と「内省的観察・抽象的概念化」という2つのモードが循環しながら知識が創造され、学習が生起するとされています。

日本への紹介・影響

日本では教育分野というよりもむしろマネジメントやリーダーシップ教育など経営系の分野で引用されることが多いようで、そちらの分野からキャリア理論の中で紹介されることが多いようです。中原（2018）が経験学習の理論的系譜と研究動向をまとめています。

▶マズローの欲求階層説を発展し、ERG 理論を提唱

KEYWORD　ERG 理論、動機付け、欲求不満足

Clayton Alderfer（1940 ～ 2015）

クレイトン・アルダーファー

POINT

- マズローの５段階階層理論を修正し、欲求の次元を生存・関係・成長とした
- 生存（Existence）、関係（Relatedness）、成長（Growth）→ERG 理論

略歴

アルダーファーは 1940 年にペンシルバニア州に生まれ、イェール大学で 1962 年に心理学の学士号を、1966 年に博士号を取得します。コーネル大学、イェール大学で勤務したのち、ラトガー大学に移り、やがて自らのコンサルティング会社を運営するようになります。

アルダーファーの理論

アルダーファーはマズローの欲求階層説を発展させ、ERG（Existence, Relatedness and Growth）理論を提唱しています。ERG 理論の特徴としては、

①欲求が満足された場合にはより高次の欲求充足の願望が増加し、欲求がフラストレイトされた場合にはより低次な欲求の満足をはかるというように、マ

ズローでは考慮されていなかったフラストレーション（欲求不満足）の概念を理論のなかに取り入れたことによって、より体系的な理論となっている
②人は欲求の階層を進むというよりも、同時にあらゆるレベルにとどまる可能性があると考え、2つ以上の欲求水準が同時働くという立場を取る

ことが挙げられています。

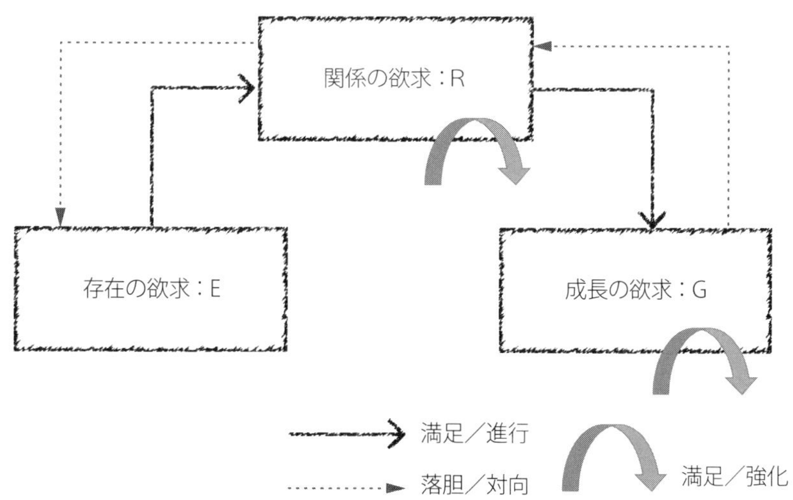

アルダーファーのERG理論

▶内発的動機付けによる自己決定理論を提唱

KEYWORD　自己決定理論、内発的動機付け、外発的動機付け

Edward L. Deci（1942～）

エドワード・L・デシ

POINT

- 自律的な動機と外部から制御された動機を区別
- 外的報酬は、内発的動機付けを低下させる
- 内発的動機付けの源として、自律性・有能さ・関係性への欲求を挙げる

略歴

デシは1942年に生まれ、ハミルトン大学で数学の学士号を、ペンシルバニア大学で経営修士号を、1970年にカーネギー・メロン大学で社会心理学の博士号を取得し、ロチェスター大学の心理学部で教育と研究を行っています。動機付けや自己決定理論の研究で知られています。

デシの理論

デシはパズルを解く作業を、一方には「パズルを解くと金銭的報酬を受け取れる」、一方には「パズルを解いても金銭的報酬は受け取れない」条件で実施しました。監督官が退出した後の自由時間に被験者がどんな行動をするかを比較したところ、金銭的報酬を受け取っていないグループのほうがパズルに取り

組む時間が長いことを示しました。これはパズルに取り組む面白さ、すなわち「内発的動機付け」のためであるとしました（この「内発的動機付け」が金銭的報酬により減少することは「アンダーマイニング効果」と呼ばれます）。デシは、外から動機付けられるよりも自分で自分を動機付けるほうが、創造性、責任感、健康な行動、変化の持続性といった点で優れているとし、内発的動機付けの源として自律性・有能さ・関係性への欲求を挙げました。また外発的動機付けについて同一化（内在化）的動機付け（＝自分にとって重要という認識の動機付け）、取り入れ的動機付け（＝成功や達成感を求めた動機付け）、外的動機付け（＝外からの賞罰に基づくような動機付け）と分類し、前者のほうがより自律的であるとしました。

しかし後年の追試の結果は、必ずしも内発的動機付けが一番自律的となる結果ばかりではないようです。近年では動機付けを内発的か外発的かという二極で検討するというより、その両極をふまえ、どのような人間成長のプロセスで動機付けがどのような役割を果たすか、プロセスの中でどのような心理特性が関与し、どのように成長していくかという検討がなされるようになっているようです。

▶動機付け理論の統合

KEYWORD　動機付け理論、統合、個々により流動

Stephen P. Robbins（1943 ～）

ステファン・P・ロビンズ

POINT

- 期待理論をベースに従来の動機付け理論を関連づけ、統合モデルを提唱
- 仕事に対する人の動機付けは環境や状況によって流動的であり、また内的な要因によっても大きく左右

略歴

ロビンズはロサンゼルスに生まれ育ち、足が速かったので陸上競技の奨学金でアリゾナ大学に入り、博士号もアリゾナ大学で取得、MBAはアリゾナ州立大学で取得したと言います。現在はサンディエゴ州立大学に勤務しています。

ロビンズの理論

ロビンズは統合モデルを以下のように説明します。

①「機会」が個人の努力に影響を与えることをしっかりと認識する必要がある。
②個人の努力を左右するもう1つの要因は、「直接的な行動のための目標」である。

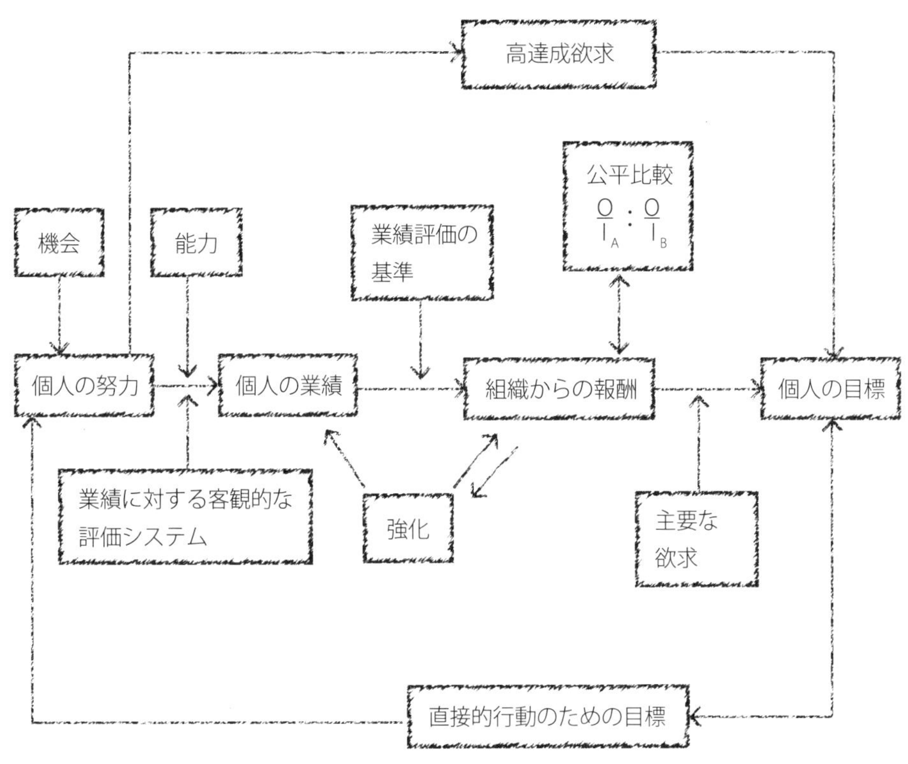

ロビンズの統合モデル（宗像・渡辺編，2002 より）
（I：インプット、O：アウトプット）

③この「目標－努力」のループは、直接的行動のための目標を思い浮かべることを意味する。

④期待理論（※ブルームの項参照）は、「努力－業績」「業績－報酬」「報酬－満足」のそれぞれで、強い結びつきがあると感じるときに人は一生懸命努力をするであろうと予測する。

⑤よい業績を上げるための努力として、人は必要な能力を獲得しなければならないが、業績の評価は公平で客観的であると知覚されることが必要である。

⑥報酬を決めるのは業績であると知覚するなら、業績と報酬の結びつきは強ま

る。認知評価理論は、実際の職場では十分な妥当性があり、業績に基づく報酬は内発的動機付けを弱めるであろうと予測する。
⑦期待理論における最後の結びつきは、「報酬―目標」の関係である。ERG理論（※アルダーファーの項参照）はこの点に関わっている。個人的目標と一致した主要な欲求を満たす高い業績によって受けた報酬の程度によって、動機付けは高まる。
⑧達成動機理論（※マクレランドの項参照）も関係している。高い達成動機を持つ人は、業績は報酬に対する組織の査定によっては動機付けられず、個人的な目標への努力から飛躍する。高い達成動機の人は「努力－業績」「業績－報酬」「報酬－目標」の結びつきに関心がない。
⑨組織の報酬は個人の業績を強化するという認識によって、強化理論は取り入れられる。もし報酬システムがよい業績に対する支払いとして雇用者にみなされるなら、報酬はよい業績を強化し奨励するであろう。
⑩報酬はまた、公平理論（※アダムズの項参照）においても重要な役目を果たす。人は自分の受けた報酬を、自分が投じたものと比べ、結果と投じたものとの比率を他社のそれと比較し、不公平であれば費やす努力に影響を与えるであろう。

ロビンズは組織行動の研究者ですが、組織開発はその背景が多様であり「容易に定義できるような単一の概念ではない」と言います（経営コンサルタントなど組織や賃金形態の改善などハード面に取り組む実践家もいれば、産業カウンセラーなど従業員のメンタルヘルス支援に取り組む実践家もいるでしょう）。それゆえ組織開発の研究者や実践家は、自らのスタンス（姿勢）をよく心得ておく必要があると言われています。

▶メンタリング行動を重視するメンタリング理論を提唱

KEYWORD メンタリング行動、キャリア的機能、心理社会的機能

Kathy E. Kram（1950～）

キャシー・E・クラム

POINT

- キャリア発達を促進する人間関係としてメンタリング行動を重視
- メンタリング行動にはキャリア的機能と心理社会的機能がある
- キャリアを取り巻く社会背景が変化し、キャリア発達を促進するメンタリング行動にも変化

略歴

クラムはマサチューセッツ工科大学で1972年に学士号、1973年に科学修士（MS）号を、イェール大学で1976年に学芸修士（MA）号、1978年に哲学修士（MPhil）号、1980年に博士号を取得し、現在はボストン大学経営大学院に所属しています（ホールの同僚に当たります）。主な関心テーマとして成人発達、対人関係学習、メンタリング、多様性の理解、リーダーシップ、組織の変化プロセスを挙げています。

クラムの理論

クラムは、メンタリング行動にはキャリア的機能と心理社会的機能があるとしました。キャリア的機能とは、仕事のコツや組織の内部事情を教えることで

組織内での昇進への備えを促すような行動を指し、上位の者としての経験や組織内における相応のランク、組織的な影響力があって初めて発揮される、とします。心理社会的機能とは、専門家としてのコンピテンス、アイデンティティの明確さ、有効性を高めるような導きを指し、相互の信頼と親密さを増すような対人関係によって生まれる、とします（労働政策研究・研修機構編，2016）。

クラムはまた、メンタリング行動を通じてメンターのほうも利益を得るとし、その理由に以下の 3 点を挙げます。

①自分の過去を再評価することが中年期の中心的な発達課題であること
②他人を支援することを通じて、精神的な満足感や教師ないしはアドバイザーとしての自分の能力に対する尊敬を獲得すること
③キャリア初期において自ら経験したことのないような難問に直面するヤングアダルトに関わりながら、自分の過去を見直し再評価することができること

またクラムは同じ大学のホールとの共同研究から、キャリアを取り巻く社会背景が従来の伝統的なもの（安定的で均一な組織）から変動的なもの（不安定なキャリアに変化したことで、メンタリング関係も変化していることを指摘します。従来の組織的・階層的なメンタリングが、より複雑かつ多層的あるいは対話的またはネットワーク的なメンタリングへと変化したとします。

▶人と環境と行動の相互作用としての社会認知的キャリア理論を提唱

KEYWORD　社会認知的キャリア理論、自己効力感と結果期待

Robert W. Lent（1953 〜）

ロバート・W・レント

POINT

- ・ブラウン、ハケットとともに社会認知的キャリア理論（SCCT）を提起
- ・バンデューラの三者相互作用（人と環境と行動）を理論の基盤とする
- ・新しい学習経験を重ねて自己効力感と結果期待を高めることが、行動や結果を変える

略歴

レントはオハイオ州立大学で 1979 年に博士号を取得し、ミネソタ大学の学生相談部門に 1979 〜 85 年に勤務した後、ミシガン州立大学に移り（1985 〜 95 年）1995 年からメリーランド大学で勤務しています。研究内容はキャリア選択とキャリア発達、仕事や人生の満足、人生を通じた心理的適応や健康、キャリアにおける文化とダイバーシティなどです。

社会認知的キャリア理論

社会認知的キャリア理論は、バンデューラの三者相互作用（人と環境と行動）を理論の基盤としています。従来のマッチング理論が人と環境の二者相互作用を想定したのに対し、認知を変えることで行動が変わり、人にも環境にも影響

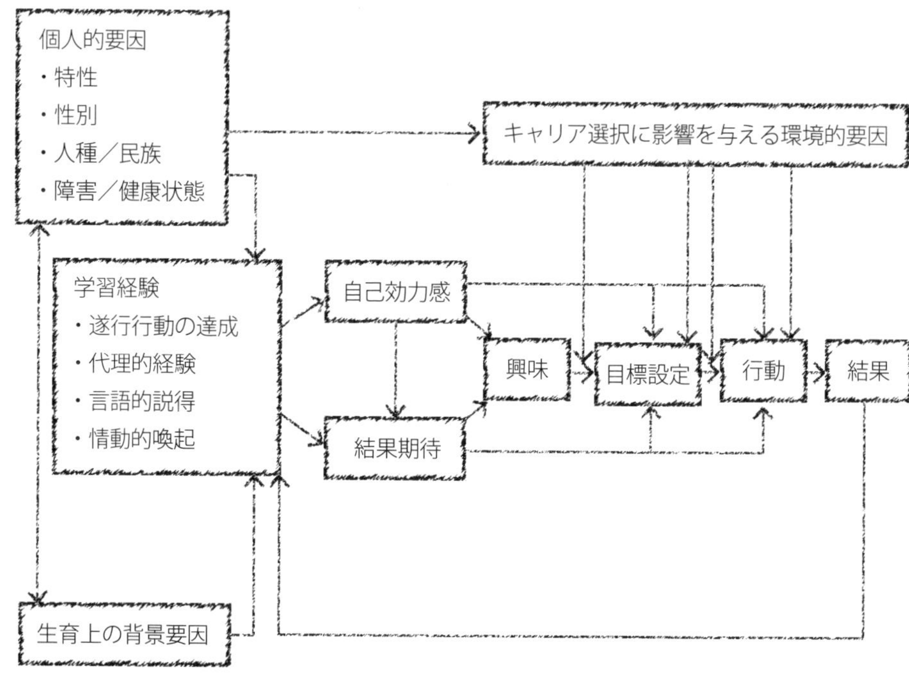

社会認知的キャリア理論のモデル（労働政策研究・研修機構，2016 から引用）

を及ぼすことを指摘しています。

　もちろん個人的要因（特性や性格、人種／民族、障害／健康状況）や生育上の背景要因はあるものの、個人の認知（自己効力感や結果期待）はそれまでの学習経験によるものと考えており、新しい学習経験を重ねて自己効力感と結果期待を高めることで行動や結果を変えることができるとします。

▶ワーク・エンゲージメント概念の提唱

KEYWORD　ワーク・エンゲージメント、バーンアウト

Wlimar B. Schaufeli（1953～）

ウィルマー・ショーフェリ

POINT

- **仕事に関連するポジティブで充実した状態であり、活力（vigor）、献身（dedication）、没頭（absorption）などによって特徴づけられる「ワーク・エンゲージメント」概念を提唱**
- **ワーク・エンゲージメントは、バーンアウトの対立概念と位置づけられる**
- **ショーフェリらは17項目からなるワーク・エンゲージメント尺度を開発**

略歴

ショーフェリは産業組織心理学を専門とする、オランダのユトレヒト大学の教授です。職業健康心理学なども手がけています。

ショーフェリの理論

ショーフェリらは、仕事に関連するポジティブで充実した状態であり、活力（vigor）、献身（dedication）、没頭（absorption）などによって特徴づけられ、仕事全般に向けられた持続的な感情－認知状態を「ワーク・エンゲージメント」と呼びました。

ワーク・エンゲージメント概念は多くの国で取り上げられており、我が国でも厚生労働省による『令和元年版　労働経済の分析』の中で取り上げられています。我が国では加齢または職位・職責の高まりに伴って高まる傾向があり、教育関連専門職、管理職、接客・サービス職などの非定型的業務の比重が高い職種で高い傾向が、不本意非正規雇用労働者では低い傾向であることが示されています。

また、我が国のワーク・エンゲージメント・スコアが他国に比べて低いことが知られています（下図参照）が、仕事のあり方や職場環境を改善させる様々な工夫を重ねることによって、ワーク・エンゲージメントを改善させる可能性が示唆されています。

仕事に関する調査
（Utrecht Work Engagement Scale）

【質問項目】
（活力）
①仕事をしていると、活力がみなぎるように感じる
②職場では、元気が出て精力的になるように感じる
③朝に目がさめると、さあ仕事へ行こう、という気持ちになる
（熱意）
④仕事に熱心である
⑤仕事は、私に活力を与えてくれる
⑥自分の仕事に誇りを感じる
（没頭）
⑦仕事に没頭しているとき、幸せだと感じる
⑧私は仕事にのめり込んでいる
⑨仕事をしていると、つい夢中になってしまう

【回答】
0点：まったくない
1点：ほとんど感じない（1年に数回以下）
2点：めったに感じない（1か月に1回以下）
3点：時々感じる（1か月に数回）
4点：よく感じる（1週間に1回）
5点：とてもよく感じる（1週間に数回）
6点：いつも感じる（毎日）

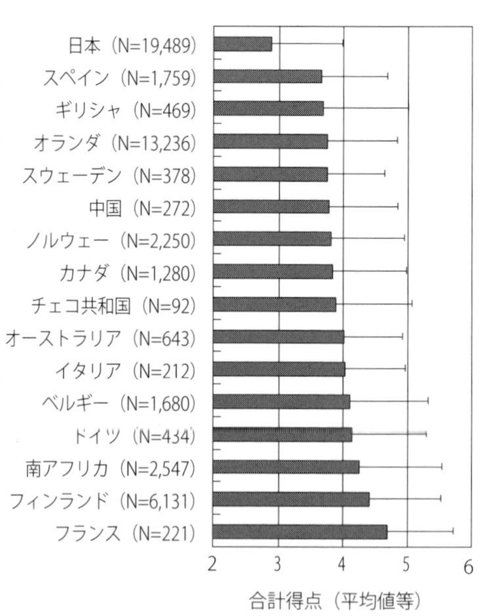

ワーク・エンゲージメント・スコアの国際比較（厚生労働省（2019）をもとに作成）

▶集団精神療法の権威、作家でもある

KEYWORD　集団精神療法、グループの治療要因、グループの発達段階

Irvin D. Yalom（1931 ～）

アーヴィン・D・ヤーロム

POINT

- グループサイコセラピーの権威
- Tグループやエンカウンターグループが世界的に下火になった後もグループ実践を継続
- グループにおいてセラピストが行うべきことを明確化

略歴

ヤーロムはポーランド出身のユダヤ系ロシア人移民である両親の下、ワシントンD. C. に 1931 年に生まれます。ジョージ・ワシントン大学で 1952 年に学士を、ボストン大学医学部で 1956 年に医学博士を取得し、ニューヨークのシナイ山病院でインターンシップを、研修医をボルティモアのジョンズ・ホプキンス病院で行います。ホノルルの陸軍病院で 2 年勤務したのち、スタンフォード大学で学術活動を開始します。専門は実存療法、集団精神療法です。フィクション／ノンフィクション作家として、多くの小説を書いています。

ヤーロムの理論

ヤーロムは、グループには 1 対 1 のセラピーにはない効果（治療要因）があることを指摘しています（表はアメリカ集団精神療法学会編より）。

グループセラピーの効果

治療要因	定義
普遍性	他のメンバーも自分と同様の感情、考え、問題を持っていると認識すること
愛他主義	他のメンバーを援助することを通じて自己概念を高めること
希望をもたらすこと	他のメンバーの成功によって、自身の改善を楽観視できると認識すること
情報の伝達	セラピストやメンバーによって提示される教示や助言
原家族経験のやり直し	危機的な家族力動を、グループメンバーとの間で再体験して修正することができる
ソーシャルスキルの発達	グループが、適応的で効果的なコミュニケーションを育む環境をメンバーに提供すること
模倣行動	他のメンバーの自己探求、ワーキングスルー※、人格成長を観察することを通して、自身の知識や技能を伸ばすこと
凝集性	信頼感、所属感、一体感を体験すること
実存的要因	人生上の決断に対する責任を受け入れること
カタルシス	現在、過去の経験についての強い感情を解放すること
対人学習ーインプット	他のメンバーからのフィードバックを通して、自分の対人的インパクトに関する個人的な洞察を得ること
対人学習ーアウトプット	自分たちがより適応的な方法でやりとりできるような環境を、メンバー自身で作り出すこと
自己理解	自分の行動や情動的反応の奥にある心理的動機についての洞察を得ること

※未解決の心理的課題をやりきること、克服すること

アメリカ集団精神療法学会は「集団精神療法の始まりというのは、ほとんどの場合、クライエントにとって大変な不安を引き起こす体験である」とし、「クライエントにとって、グループの構造や枠組みはきわめて明瞭にすべき事柄であり、セラピストが自分の行動に関してそのような期待を持っているかを振り返っておくことも、クライエントのためになるだろう」とし、グループの構造を明確化する必要を述べています。ヤーロムはグループに参加させる患者の選択をどうするか、グループの構成や場所、時間、大きさをどうするかなど具体的な理論と実戦をまとめています。

ヤーロムはまた、グループの発達段階として初期段階（オリエンテーション、参加への躊躇、意味の探求、依存）、第二段階（葛藤、支配、氾濫）、第三段階（凝集性の発達）などを述べ、そこで起こるメンバーの変更や出席・時間厳守、脱落者について解説していますが、アメリカ集団精神療法学会（2014）では「形成期／前親和期」「動乱期／権力・統制期」「活動期／親和期」「遂行期／分化期」「別離期／分離期」というグループ発達の5段階説を紹介しています。

「別離期／分離期」については、「終わりが見えると、グループは悲しみ、不安、怒りを経験する。グループが心理的支えになっていた場合にはとりわけ、治療の終わりを深い対象喪失として経験する。問題や症状が再発することもある。生産的な作業と否認や逃避のような防衛的な試みとが交互に起こる。加えて、将来の方向性や、治療過程を継続したり、得たことを維持したりするための計画を語ることもある。この段階では悲しみと感謝の両方の表現がよく見られる。リーダーの主な作業は、感情表現を助けるとともに未完の仕事に対して注意を向けることである。グループ経過の体系的な振り返りと評価を促し、グループが終わったあとの計画を立てるよう励まし、別れを告げる作業に関与するよう促さなければならない。後者の活動はきわめて重要な課題である。というのは、終結が適切に行われない限り、治療で得たものが消えてしまう可能性があるからである」と解説されています。集団療法の終結に「別れの儀式」が必要なことは、キャリアコンサルタントも押さえておいてよいかもしれません。

C O L U M N

組織開発（経営）あるいは社会から心理への接近

レヴィンやシャイン、ホールらが心理学から組織開発（経営）へと視点を向けたように、組織開発（経営）あるいは社会から心理への視点を向けた研究者も多数存在します。

学習する組織

変化の激しい時代に、変化を学習し、自らをデザインして進化し続ける組織づくりが求められています。センゲはこれまでの意識を変容し、リーダーの在り方も変え、ビジョンを共有し、システム思考でチーム学習をしていく「学習する組織」を提案しています。

学習する組織にならない理由と対処法

キーガンとレイヒーは「変革の必要性は理解されているのに、何が変革を妨げているか理解されていない」「人間はどうしても変われないという思い込み」「大人の学習に対する深い理解が足りない」ことを指摘し、変革をはばむ「免疫機能」への対処を説明します。

ティール組織

同様にラルーは、従来のような階層的な上下関係やルールを撤廃し、意思決定の権限や責任を管理職から従業員に譲渡することで、組織や人材に革命的変化を起こすことを提唱しています。

心理的安全性

エドモンドソンは心理的安全性が学習・イノベーション・成長をもたらすと

して、「恐れのない組織」「率直に語れる組織」作りを推奨します。

ライフシフト

グラットンらは人生 100 年時代を前提に、子育て後の人生が長くなることで家庭と仕事の関係が変わること、老いて生きる期間ではなく若々しく生きる期間が長くなることを指摘します。教育→仕事→引退という 3 つのステージが崩壊し（というよりも引退後の生活の長期化でしょうが）、仕事→引退の選択肢を増やすこと、無形資産を増やすことを推奨しています。

参考文献

アメリカ集団精神療法学会（著）日本集団精神療法学会（監訳）西村馨，藤信子（訳）（2014）AGPA集団精神療法実践ガイドライン　創元社

ノーマン・アムンドソン（著）高橋美保（監訳）石津和子（訳）（2018）キャリアカウンセリング——積極的関わりによる新たな展開　誠信書房

N・E・アムンドソン，G・R・ポーネル（著）河﨑智恵（監訳）（2005）キャリア・パスウェイ——仕事・生き方の道しるべ　ナカニシヤ出版

エリック・バーン（著）江花昭一（監訳）丸茂ひろみ，三浦理恵（訳）（2018）エリック・バーン 人生脚本のすべて——人の運命の心理学—「こんにちは」の後に，あなたは何と言いますか？　星和書店

D・L・ブルスティン（編著）渡辺三枝子（監訳）（2018）キャリアを超えて ワーキング心理学——働くことへの心理学的アプローチ　白桃書房

ウィリアム・ブリッジズ（著）倉光修，小林哲郎（訳）（2014）トランジション——人生の転機を活かすために　パンローリング

ウィリアム・ブリッジズ，スーザン・ブリッジズ（著）井上麻衣（訳）（2017）トランジション マネジメント——組織の転機を活かすために　パンローリング

U・ブロンフェンブレンナー（著）磯貝芳郎，福富譲（訳）（1996）人間発達の生態学——発達心理学への挑戦　川島書店

ビル・バーネット，デイヴ・エヴァンス（著）千葉敏生（訳）（2019）スタンフォード式 人生デザイン講座　早川書房

ジョージ・バターワース，マーガレット・ハリス（著）村井潤一（監訳）小山正，神土陽子，松下淑（訳）（1997）発達心理学の基本を学ぶ——人間発達の生物学的・文化的基盤　ミネルヴァ書房

ロバート・R・カーカフ（著）国分康孝（監修）日本産業カウンセラー協会（訳）（1992）ヘルピングの心理学　講談社

ロバート・R・カーカフ（著）國分康孝（監修）日本産業カウンセラー協会（訳）（1993）ヘルピング・ワークブック　産業カウンセリングサポートセンター

ロバート・R・カーカフ（著）國分康孝（監修）日本産業カウンセラー協会（訳）（1994）ヘルピング・トレーナー・ガイド　産業カウンセリングサポートセンター

ラリー・コクラン（著）宮城まり子，松野義夫（訳）（2016）ナラティブ・キャリアカウンセリング——「語り」が未来を創る　生産性出版

M・チクセントミハイ（著）今村浩明（訳）（1996）フロー体験 喜びの現象学　世界思想社

エドワード・L・デシ，リチャード・フラスト（著）桜井茂男（監訳）（1999）人を伸ばす力——内発と自律のすすめ　新曜社

エイミー・C・エドモンドソン（著）野津智子（訳）（2014）チームが機能するとはどういうことか——「学習力」と「実行力」を高める実践アプローチ　英治出版

エイミー・C・エドモンドソン（著）野津智子（訳）村瀬俊朗（解説）（2021）恐れのない組織——「心理的安全性」が学習・イノベーション・成長をもたらす　英治出版

V・E・フランクル（著）霜山徳爾（訳）夜と霧――ドイツ強制収容所の体験記録　みすず書房

福原眞知子（監修）（2007）マイクロカウンセリング技法――事例場面から学ぶ　風間書房

福原眞知子，アレン・E・アイビイ，メアリ・B・アイビイ（2004）マイクロカウンセリングの理論と実践　風間書房

Gysbers, N. C., Heppner, M. J. & Johnston, J. A.（2014）*Career Counseling : Holism, Diversity, and Strengths* 4th(ed). American Counseling Association, VA.

ダグラス・ティム・ホール（著）尾川丈一，梶原誠，藤井博，宮内正臣（監訳）（2015）プロティアン・キャリア：生涯を通じて生き続けるキャリア――キャリアへの関係性アプローチ　プロセス・コンサルテーション

サニー・S・ハンセン（著）平木典子，今野能志，平和俊，横山哲夫（監訳）乙須敏紀（訳）（2013）キャリア開発と統合的ライフ・プランニング――不確実な今を生きる６つの重要課題　福村出版

R・J・ハヴィガースト（著）児玉憲典・飯塚裕子（訳）（1997）ハヴィガーストの発達課題と教育――生涯発達と人間形成　川島書店

Herr, E. L., Cramer, S. H. & Niles, S. G.（2004）*Career Guidance and Counseling through the Lifespan : Systematic Approaches* 6th(ed). Pearson/Allyn and Bacon, MA.

平木典子（2014）1960 年代のアメリカ　心理学ワールド, *64*, p. 39.

ジョン・L・ホランド（著）渡辺三枝子，松本純平，道谷里英（訳）（2013）ホランドの職業選択理論――パーソナリティと働く環境　一般社団法人雇用問題研究会

Inkson, k. & Savickas, M. L. (ed)（2013）*Career Studies,* Volume 1-4, SAGE, CA.

金井壽宏（2010）キャリアの学説と学説のキャリア　日本労働研究雑誌, *603*, pp. 4-15.

トッド・B・カシュダン，ジョセフ・チャロッキ（編）小原圭司（監訳）小原圭司，川口彰子，伊井俊貴，中神由香子，岩谷潤，木山信明，須賀楓介（訳）（2019）ポジティブ心理学，ACT，マインドフルネス――しあわせな人生のための７つの基本　星和書店

ロバート・キーガン，リサ・ラスコウ・レイヒー（著）池村千秋（訳）（2013）なぜ人と組織は変われないのか――ハーバード流自己変革の理論と実践　英治出版

木村周（2018）キャリアコンサルティング 理論と実際 5 訂版――カウンセリング、ガイダンス、コンサルティングの一体化を目指して　一般社団法人雇用問題研究会

岸見一郎，古賀史健（2013）嫌われる勇気――自己啓発の源流「アドラー」の教え　ダイヤモンド社

向後千春（監修）ナナトエリ（作画）（2014）コミックでわかるアドラー心理学　KADOKAWA

國分康孝（監修）（2008）カウンセリング心理学事典　誠信書房

デイヴィッド・コルブ，ケイ・ピーターソン（著）中野眞由美（訳）（2018）最強の経験学習――ハーバード大卒の教授が教える、コルブ式学びのプロセス　辰巳出版

厚生労働省（2019）令和元年版 労働経済の分析――人手不足の下での「働き方」をめぐる課題について　厚生労働省

Krumboltz, J. D.（2009）The Happenstance Learning Theory. *Journal of Career Assessment*, *17*, pp. 135-154.

J・D・クランボルツ，A・S・レヴィン（著）花田光世，大木紀子，宮地夕紀子（訳）（2005）その幸

運は偶然ではないんです！―― 夢の仕事をつかむ心の練習問題　ダイヤモンド社
スーザン・D・ラム（著）小野善郎（訳）（2021）心の病理学者　アドルフ・マイヤーとアメリカ精神医学の起源　明石書店
前田信彦（2020）大学におけるキャリア教育と社会正義――社会科学系学部の学生データを用いた探索的分析　立命館産業社会論集, *56*(1), pp. 131-153.
増田幸一（1957）スーパーにおける職業指導概念の発展　教育心理学研究, *4*(3), pp.41-53, 64.
宗方比佐子，渡辺直登（編著）久村恵子，坂爪洋美，高橋弘司，藤本哲史（著）（2002）キャリア発達の心理学――仕事・組織・生涯発達　川島書店
無藤清子（1979）「自我同一性地位面接」の検討と大学生の自我同一性　教育心理学研究, *27*, pp. 178-187.
中原淳（2013）経験学習の理論的系譜と研究動向　日本労働研究雑誌, *639*, pp. 4-14.
全米キャリア発達学会（著）仙﨑武，下村英雄（編訳）（2013）D・E・スーパーの生涯と理論――キャリアガイダンス・カウンセリングの世界的泰斗のすべて　図書文化社
日本キャリア教育学会（編）（2020）新版 キャリア教育概説　東洋館出版社
楡木満生，田上不二夫（編）（2011）カウンセリング心理学ハンドブック〔上巻〕　金子書房
岡田昌毅（2013）働くひとの心理学――働くこと、キャリアを発達させること、そして生涯発達すること　ナカニシヤ出版
Peavy, R. V.（2004）*SocioDynamic Counselling : A Practical Approach to Meaning Making*. Taos Institute Publications, OH.
労働政策研究・研修機構（編）（2016）新時代のキャリアコンサルティング――キャリア理論・カウンセリング理論の現在と未来　独立行政法人労働政策研究・研修機構
坂柳恒夫（1990）進路指導におけるキャリア発達の理論　愛知教育大学研究報告, *39*（教育科学編）, pp. 141-155.
坂柳恒夫（2007）キャリア・カウンセリングの概念と理論　愛知教育大学研究報告, *56*（教育科学編）, pp. 77-85.
マーク・L・サビカス（著）日本キャリア開発研究センター（監訳）乙須敏紀（訳）（2015）サビカス キャリア・カウンセリング理論――〈自己構成〉によるライフデザインアプローチ　福村出版
ウィルマー・B・シャウフェリ，ピーターナル・ダイクストラ（著）島津明人，佐藤美奈子（訳）ワーク・エンゲイジメント入門　星和書店
エドガー・H・シャイン（著）二村敏子，三善勝代（訳）（1991）キャリア・ダイナミクス――キャリアとは、生涯を通しての人間の生き方・表現である。　白桃書房
E. H. シャイン（著）稲葉元吉，尾川丈一（訳）（2002）プロセス・コンサルテーション――援助関係を築くこと　白桃書房
エドガー・H・シャイン（著）金井壽宏（監訳）原賀真紀子（訳）（2014）問いかける技術――確かな人間関係と優れた組織をつくる　英治出版
エドガー・H・シャイン（著）金井壽宏（監訳）野津智子（訳）（2017）謙虚なコンサルティング――クライアントにとって「本当の支援」とは何か　英治出版

エドガー・H・シャイン，ジョン・ヴァン=マーネン（著）木村琢磨（監訳）尾川丈一，清水幸登（訳）（2015）キャリア・マネジメント——変わり続ける仕事とキャリア　白桃書房

ピーター・M・センゲ（著）枝廣淳子，小田理一郎，中小路佳代子（訳）（2011）学習する組織——システム思考で未来を創造する　英治出版

下村英雄（2020）社会課題の最中で生きる生徒たちへの社会正義のキャリア支援（誰一人取り残さない！進路を見定めにくい生徒のためのキャリア理論と実践） *Career Guidance, 52*(3), pp. 40-43.

外林大作，辻正三，島津一夫，能見義博（編）（1981）誠信心理学辞典　誠信書房

田中稔哉（2019）キャリアコンサルタント 2 級キャリアコンサルティング技能士試験完全対応テキスト　日本能率協会マネジメントセンター

特定非営利活動法人キャリアコンサルティング協議会（編）（2021）国家資格キャリアコンサルタント試験——学科試験 精選問題解説集 第 1 回～第 17 回　特定非営利活動法人キャリアコンサルティング協議会

Walsh, W. B., Savickas, M. L. & Hartung, P. J.（2013）*Handbook of Vocational Psychology : Theory, Research, and Practice* 4th(ed). Routledge, NY.

渡辺三枝子（編著）（2018）新版 キャリアの心理学［第 2 版］——キャリア支援への発達的アプローチ　ナカニシヤ出版

渡部昌平（2019）よくわかる キャリアコンサルティングの教科書　金子書房

渡部昌平（編著）（2015）社会構成主義キャリア・カウンセリングの理論と実践——ナラティブ、質的アセスメントの活用　福村出版

アーヴィン・D・ヤーロム（著）中久喜雅文・川室優（監訳）（2012）ヤーロム グループサイコセラピー——理論と実践　西村書店

人名索引

ア行

カ行

サ行

タ行

ナ行

ハ行

キーワード索引

英数字

あ行

か行

な行

は行

ま行

や行

ら行

【著者】

渡部 昌平（わたなべ・しょうへい）

秋田県立大学総合科学教育研究センター准教授。1994年国際基督教大学卒業、1996年明星大学大学院修了、修士（心理学）。労働省（当時）に入省し、札幌公共職業安定所、職業安定局業務調整課、民間需給調整事業室、飯田橋公共職業安定所、職業能力開発局キャリア形成支援室、沖縄労働局等を経て現職。2021年より期間限定でYouTube「【実践家向け】ナラティブ社会構成主義キャリアカウンセリングNABEチャンネル」を開設。著書に『日本キャリアカウンセリング史――正しい理解と実践のために』（実業之日本社、2024年、共著）、『はじめてのナラティブ／社会構成主義キャリア・カウンセリング――未来志向の新しいカウンセリング論』（川島書店、2016年）、編著書に『実践家のためのナラティブ／社会構成主義キャリア・カウンセリング――クライエントとともに〈望ましい状況〉を構築する技法』（福村出版、2017年）、『社会構成主義キャリア・カウンセリングの理論と実践――ナラティブ、質的アセスメントの活用』（福村出版、2015年）ほか。

【カバー・本文イラスト】田渕　恵
【装幀】花本　浩一（麒麟三隻館）

キャリア理論家・心理学者77人の人物で学ぶキャリア理論

2022年 2 月25日　初版第1刷発行
2024年11月30日　　　第4刷発行

著　者　渡部 昌平
発行者　宮下 基幸
発行所　福村出版株式会社
〒104-0045　東京都中央区築地4-12-2
電話　03-6278-8508　FAX　03-6278-8323
https://www.fukumura.co.jp
印　刷　株式会社文化カラー印刷
製　本　協栄製本株式会社

ISBN978-4-571-24099-7　Printed in Japan